PHÄNOMINT
WISSEN · FORSCHEN · STAUNEN

Michael Reimann
und Nicola Berger

Geogami

Geometrie kannst du knicken!

mit Illustrationen von Lucie Göpfert

moses.

Impressum

Die Ratschläge in diesem Buch sind von den Autoren und dem Verlag sorgfältig erwogen und geprüft worden. Dennoch kann eine Garantie nicht übernommen werden. Eine Haftung des Verlags für Personen-, Sach- und Vermögensschäden ist ausgeschlossen.

3. Auflage 2022

moses. Verlag GmbH
Arnoldstraße 13d
47906 Kempen
Fon 02152 – 20 98 50
Fax 02152 – 20 98 60
Mail info@moses-verlag.de
www.moses-verlag.de

ISBN 978-3-96455-108-5

Text: Michael Reimann und Nicola Berger
Illustrationen: Lucie Göpfert
Layout, Typographie und Satz: Melanie Dahmen, Grafik-Design & Art-Direktion
Redaktion: Geesche Oetken

Fotos der gebastelten Figuren: ricksphoto, Michael Ricks, Neukirchen-Vluyn
Umschlag: Adobe Stock: akeeris (Pappe), donyanedomam (Pyramiden), A_visual (Wasser), golubovy (blaues Krepppapier); **Shutterstock:** Ian 2010 (Sonnenblume)
Innenteil: Adobe Stock: akeeris (Pappe, S.1), hanneliese (S. 16, Bonbons), golubovy (Krepppapier HG), Worawut (Papierflieger S.1, 3, 4), interpas (Schmetterling, S.11), Eric Isselée (Tiger, S. 20), Alena Kryazheva (S. 2/3, HG); **Shutterstock:** Dennis van de Water (Hyazinthe, S.7), spatuletail (Mosaik, S. 9), Tomatito (Schmetterlingsflügel, S. 11), Ian 2010 (Sonnenblume, S.13), ConstantinosZ (Baumscheibe, S. 13), Gunnar Pippel (Wasser, S.13), thatkasem14 (Kuppel, S. 15), maya_parf (Stingray, S. 20), Jamroen Jaiman (Blatt, S. 20), Vladimirkarp (Schmetterling, S. 20), BigBlueStudio (Waben, S. 23), gokturk_06 (Pentagon, S. 25), charnsitr (Flagge USA, S. 26), Julinzy (Flagge EU, s. 26), nine_far (Sternfrucht, S. 26), photobeps (Seestern, S. 26), Noradoa (Drudenfuß, S. 26), Swedishnomad.com - Alex W (Hundertwasser, S. 31), Guenter Albers (Pyramiden, S. 33), Kiev.Victor (Louvre, S. 33), heikoneumannphotography (Tetraeder Bottrop, S. 38), Mila Drumeva (Prisma, S. 41)

Printed in China

Klimaneutral Druckprodukt ClimatePartner.com/14161-2001-1001

FSC MIX Papier FSC® C020056

Das erwartet dich in diesem Buch:

Die Welt der Geometrie	4
Der Dreiecks-Fuchs	6
Das Quadratmonster	8
Ein Rechteck mit Versteck	10
Die Kreis-Blume	12
Der Trapez-Krebs	14
Die viereckige Naschtüte	16
Der Rauten-Rochen	18
Die Sechseck-Katze	22
Der Weihnachtsstern	24
Der Würfel	27
Der Quader	29
Die Pyramide	32
Das Tetraeder	36
Das Prisma	39
Das Geogami-Orakel	42
Formen und Körper	44
Lösungen	46

Die Welt der Geometrie

Herzlich willkommen in der aufregenden Welt der Formen und Körper. Hier gibt es so viel zu entdecken und zu erfahren. Du kannst experimentieren, ausprobieren und Geometrie hautnah erleben. Falte faszinierende Figuren aus Papier, die voller Geometrie stecken und lerne dabei einige der spannendsten Geheimnisse der Mathematik kennen.

Viel Spaß!

Was ist Origami?

„Origami“ bedeutet so viel wie „Papier falten“. Und das trifft den Nagel auch schon auf den Kopf, denn bei dieser alten asiatischen Kunst geht es darum, aus quadratischen Papieren kunstvolle Figuren zu falten.

Was ist Geogami?

Beim Falten entstehen immer wieder neue geometrische Formen. Du wirst auf deinem Papier plötzlich überall Dreiecke, Quadrate, Rechtecke und vieles mehr entdecken. Origami eignet sich also ganz wunderbar, um die Welt der Formen und Körper zu erforschen. Wir nennen es: Geogami!

Geogami-Falttipps

Bei den Bastelanleitungen findest du Skizzen für jeden Schritt. Damit du genau siehst, was du tun musst, siehst du darauf Linien und Symbole. Das bedeuten sie:

Wenden

Falten (nach oben/unten ...)

Drehen

Achte darauf, die Kanten möglichst scharf zu falten. Manchmal hilft es, wenn man nach dem Falten mit einem Lineal fest über die Kanten fährt. Je genauer du faltest, desto schöner wird deine Geogami-Figur nachher.

Schwierigkeitsstufen

In diesem Buch findest du 15 Anleitungen für Geogami-Figuren.
Dabei gibt es 3 Schwierigkeitsstufen:

Leicht: 

Für Anfänger geeignet

Mittel: 

Hier brauchst du etwas Übung.

Schwer: 

Für Faltprofis

Während du deine Geogami-Figuren faltest, wirst du schwuppdiwupp zum Mathe-Profi. Immer wenn du eines dieser Symbole siehst, lernst du etwas über die Welt der Geometrie:

Wissen für Geometrie-Fans

Knifflige Rätsel

Experten-Facts

Ideen für Kreative

Der Dreiecksfuchs

Du brauchst:

- 2 Origami-Blätter
- Filzstifte
- Kleber

Schwierigkeit:

Den Fuchskopf falten:

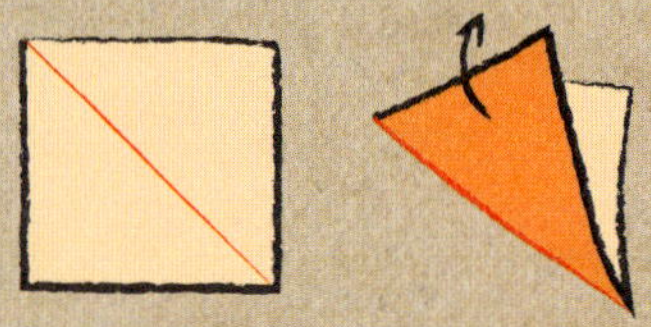

1. Falte das Blatt diagonal, also so, dass zwei gegenüberliegende Spitzen aufeinanderliegen.

2. Falte das entstandene Dreieck noch einmal in der Mitte und klappe es anschließend wieder auf. Drehe es dann so, dass die offene Spitze nach unten zeigt.

3. Falte die linke und rechte Ecke nach oben, jedoch nicht ganz zur Mitte hin.

4. Drehe das Blatt um.

5. Fertig ist dein Fuchskopf.

Den Fuchskörper falten:

6. Für den Fuchskörper brauchst du ein neues Blatt. Falte auch dieses einmal diagonal.

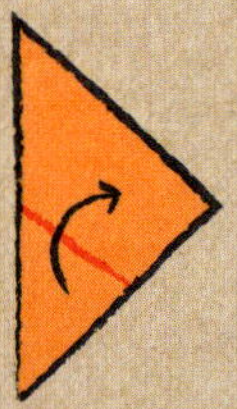

7. Nun legst du das Dreieck mit der geschlossenen Seite nach links zeigend vor dich hin und faltest die nach unten zeigende Ecke nach oben.

8. Fertig ist der Körper des Dreiecksfuchses. Zum Schluss klebst du den Kopf auf den Körper und malst deinem Fuchs ein niedliches Gesicht. Das war's auch schon!

Kreativ

Tierisches Theater!

Auf den Fuchskörper kannst du auch weitere Tiere kleben, zum Beispiel die Sechseck-Katze von Seite 22. Du kannst dir aber auch ganz andere Tiere ausdenken! Schneide dickere Streifen aus fester Pappe aus und klebe sie an die Körper deiner Tiere. Jetzt kannst du mit ihnen Theater spielen.

Expertenwissen!

Dreiecke haben ... Überraschung! ... 3 Ecken.
So weit, so gut, aber es gibt auch ein paar ganz **besondere Dreiecke**:

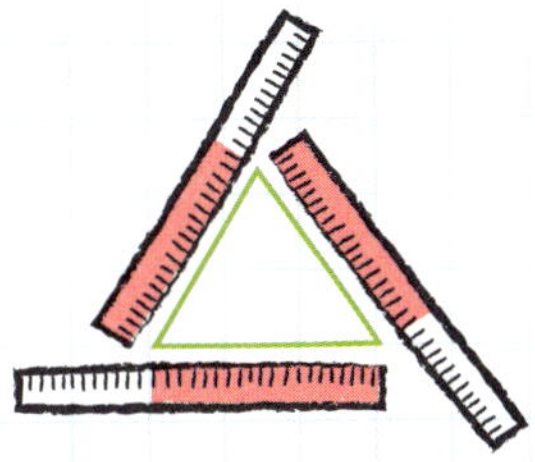

Dies ist ein gleichseitiges Dreieck. Alle **3 Seiten** sind nämlich gleich lang!

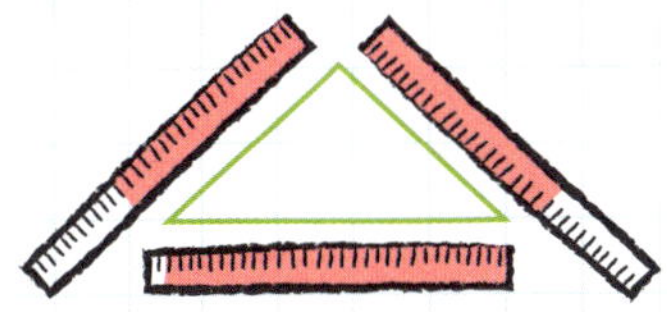

Dies ist ein gleichschenkliges Dreieck. Hier sind **2 Seiten** gleich lang.

Gecheckt!

Schau dir mal diese Fuchsköpfe an. Sind die Dreiecke **gleichseitig** oder **gleichschenklig**?

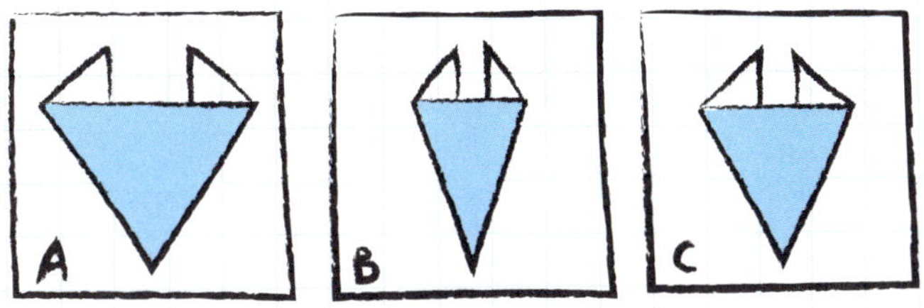

(Lösung auf Seite 46)

Sogenannte Fachwerkbrücken erreichen ihre Stabilität aus Dreiecken. Dadurch benötigt man für ihren Bau viel weniger Material als für Bogenbrücken. Ursprünglich wurden Fachwerkbrücken aus Holz gebaut, später aus Stahl, was sie noch stabiler machte.

Hier siehst du die Neuenkirchener Brücke. Entdeckst du die **Dreiecke**?

(Lösung auf Seite 46)

Rätsel

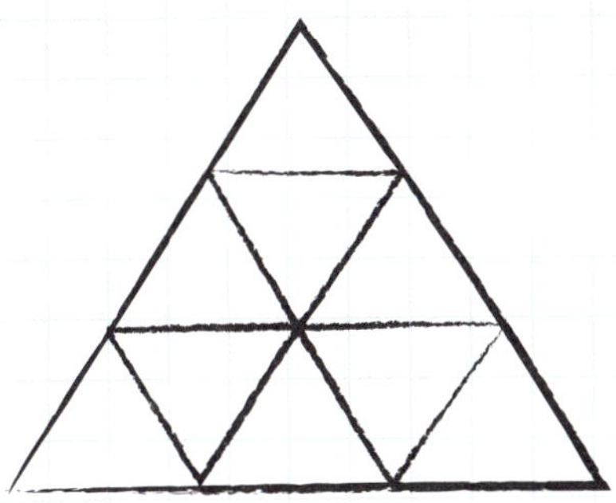

Falls du noch keine dreieckigen Augen hast, ist hier noch ein Rätsel für dich:

Wie viele Dreiecke siehst du?

(Lösung auf Seite 46)

Auch in der Natur finden wir Dreiecke: Die Blütenkelche der Hyazinthe bilden dreieckige Hütchen. Auf diese Weise erreicht das Sonnenlicht auch die unteren Kelche!

Du brauchst:

- 1 Origamiblatt
- Filzstifte
- Evtl. Wackelaugen

Das Quadratmonster

Schwierigkeit:

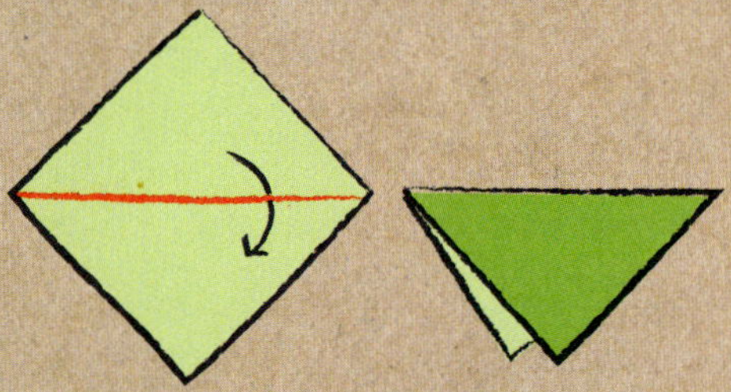

1. Falte das Blatt zunächst diagonal, also so, dass 2 gegenüberliegende Spitzen aufeinanderliegen.

2. Knicke nun die untere Spitze nach oben. Wichtig: Nimm nur die obere Papierlage.

3. Jetzt faltest du die oberen beiden Spitzen zur unteren hin.

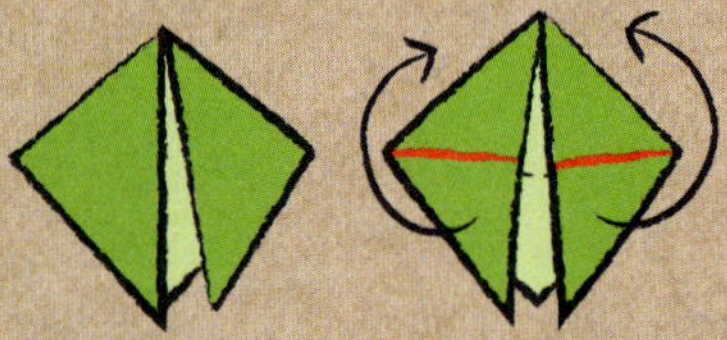

4. Falte die oberen Lagen von unten nach oben.

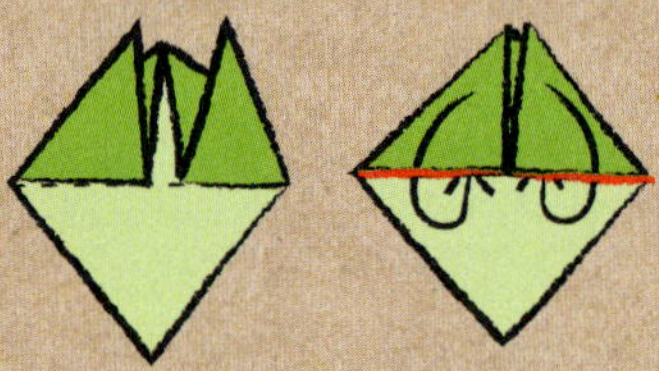

5. Falte die Spitzen wieder zurück und stecke sie in die innenliegende Lasche.

6. Fertig ist das Quadrat – fehlt noch das Monster!

Kreativ

Lass deiner Fantasie freien Lauf und gestalte viele bunte Quadrat-Monster! Male witzige Gesichter auf oder beklebe deine Quadratmonster mit Wackelaugen. Waaaah! Dann kannst du sie als Lesezeichen auf deine Buchecke stecken.

Expertenwissen!

Ein **Quadrat** ist eine ganz besondere Form, denn es hat:

- 4 Ecken
- 4 gleich lange Seiten
- 4 rechte Winkel

Ein rechter Winkel hat genau **90 Grad**!

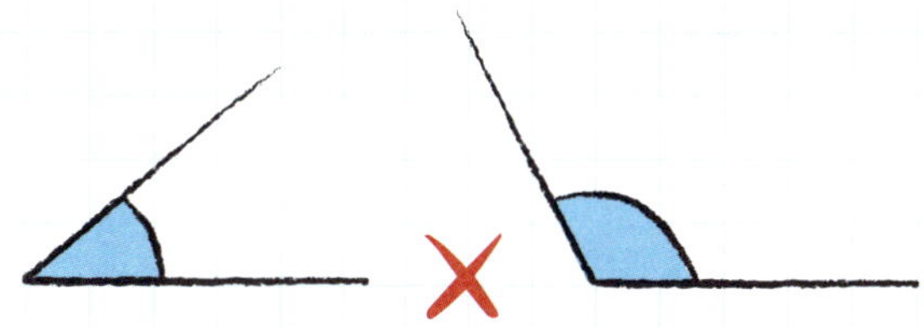

Das sind keine rechten Winkel!

Gecheckt!

Graue Zellen einschalten: **Wie viele Dreiecke** brauchst du mindestens, um ein Quadrat zu bilden?

(Lösung auf Seite 46)

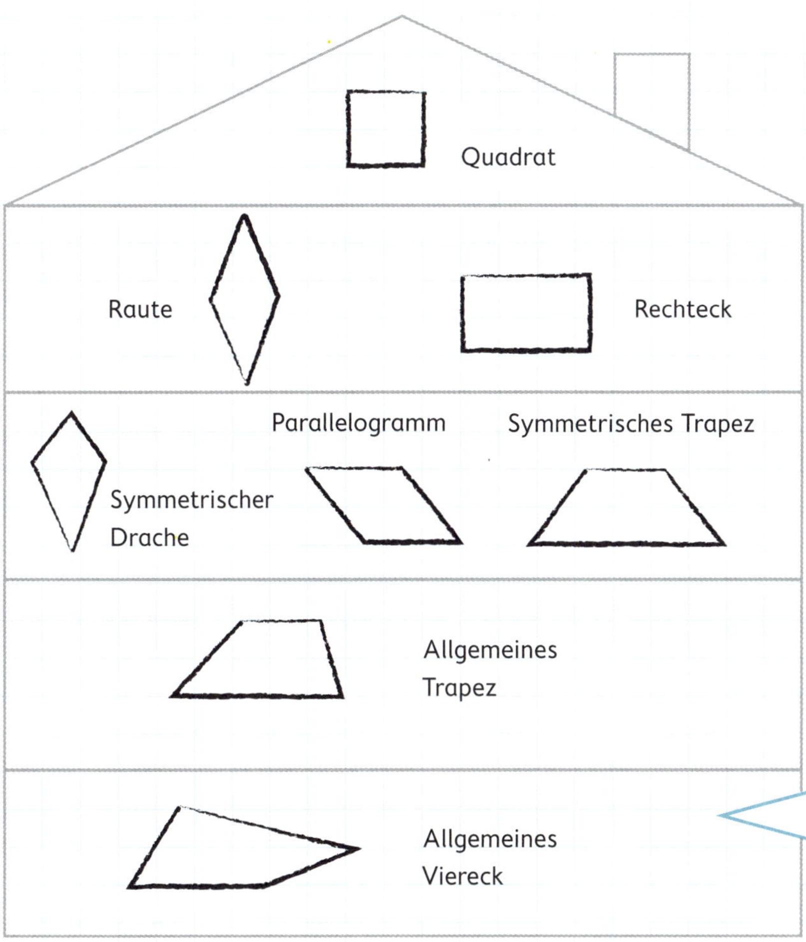

Kreativ

In der Antike wurden Bilder aus kleinen Steinquadraten gestaltet, die man Mosaike nennt.
Probier es doch auch mal aus: einfach viele kleine Quadrate aus buntem Papier ausschneiden und zu einem Muster oder Bild aufkleben!

Aus einem Quadrat kann man durch kleine Veränderungen ganz unterschiedliche Vierecke machen.

Ein Rechteck mit Versteck

Schwierigkeit:

Du brauchst:

- 1 Origamiblatt
- evtl. Klebestreifen

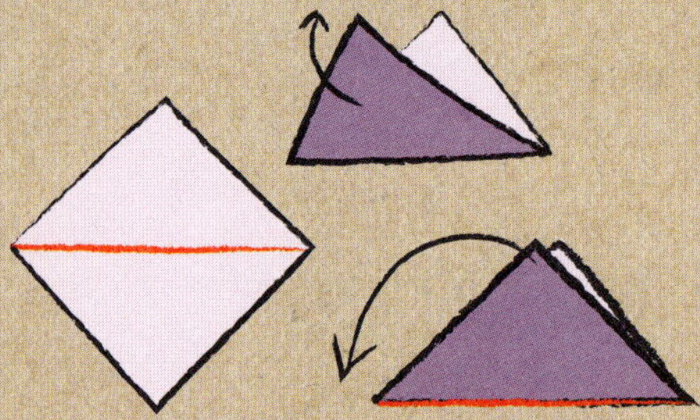

1. Falte dein Blatt einmal diagonal, so dass 2 gegenüberliegende Spitzen aufeinanderliegen, und falte es dann wieder auseinander.

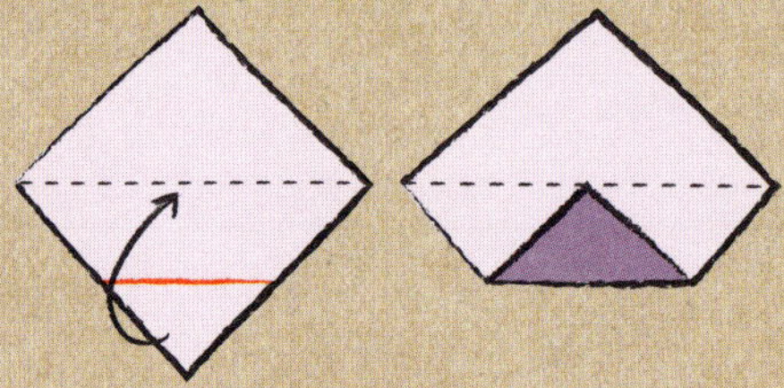

2. Falte nun die untere Spitze gerade hoch zur Mitte hin.

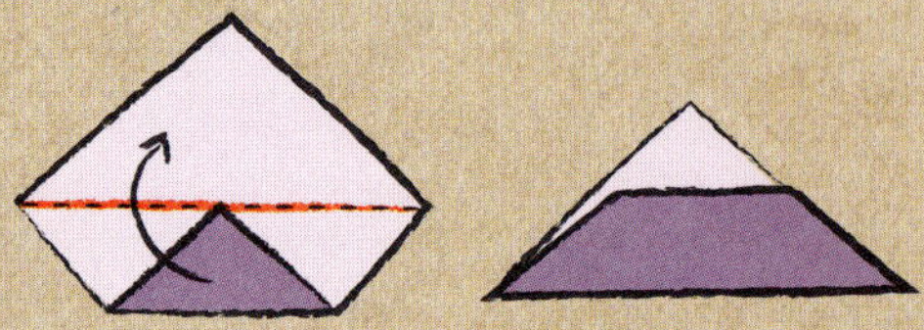

3. Falte dein Blatt wieder in der Mitte.

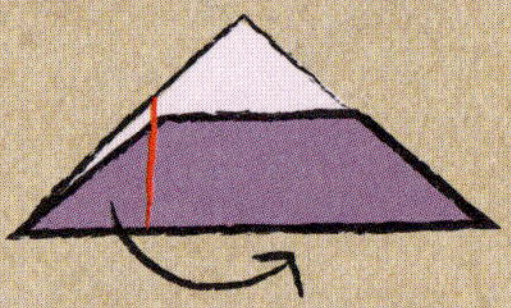

4. Falte nun etwa ein Drittel der linken unteren Kante nach rechts.

5. Und dann die andere Seite nach links (ebenfalls ein Drittel).

6. Knicke die zuletzt geknickte Spitze mittig nach rechts zurück.

7. Klappe sie ganz auf wie eine Tasche und drücke sie dann fest, sodass eine Lasche in der Form eines Quadrats entsteht.

8. Knicke das Dach nach unten und stecke die Spitze dann in die Lasche. Fertig ist dein Rechteck. Du kannst es noch mit Klebestreifen festkleben, damit es stabiler ist.

Kreativ

Dein Rechteck mit Versteck eignet sich prima als Umschlag für kleine, geheime Nachrichten!

Was ist eigentlich ein Rechteck?

Ein Rechteck ist ein Viereck mit 4 rechten Winkeln innen. Die Winkel betragen also 90 Grad. Die gegenüberliegenden Seiten sind gleich lang und parallel. Das bedeutet, dass der Abstand der beiden Seiten zueinander überall gleich groß ist.

Gecheckt!

Was meinst du?
Ist ein Quadrat auch ein Rechteck?

(Lösung auf Seite 46)

Rätsel

Die Flaggen von Ländern haben in der Regel eine rechteckige Form. Hier siehst du die Flagge von Deutschland. Wie viele **Rechtecke** entdeckst du? Sie dürfen auch zweifarbig sein!

(Lösung auf Seite 46)

Die Flügel mancher Schmetterlinge bestehen aus vielen kleinen Rechtecken, die wie Dachziegel übereinanderliegen. Das sieht man bei einem Blick durch das Mikroskop.

Du brauchst:

- 2 Origamiblätter in verschiedenen Farben
- 1 Glas
- Bleistift
- Schere
- Kleber

Die Kreis-Blume

Schwierigkeit:

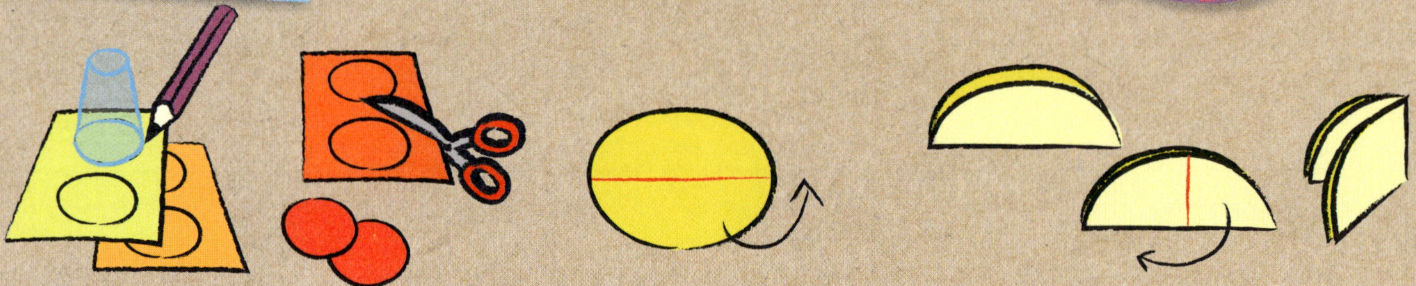

1. Zeichne den Umriss des Glases viermal auf dem Papier nach und schneide die Kreise aus. Du könntest dazu 2 verschiedene Farben auswählen, die hübsch zusammen aussehen.

2. Falte einen der Kreise in der Mitte.

3. Jetzt hast du einen Halbkreis. Falte ihn noch einmal mittig.

4. Falte die obere Lage zur Hälfte. Dreh das Blatt danach um.

5. Falte die untere Lage zur anderen Seite.

6. Schneide den oberen Rand rund ab. Je runder du schneidest, desto hübscher sieht die Form deiner Blüte nachher aus.

7. Falte das Blatt dann auseinander. Die Schritte 2-6 wiederholst du an deinen anderen Kreisen ebenfalls. Achte darauf, bei jedem Blatt am Ende etwas mehr abzuschneiden, dann werden die Blüten immer kleiner und es sieht nachher schöner aus. Klebe deine Blütenblätter zum Schluss mit etwas Kleber aufeinander, wobei die großen unten und die kleineren darüber liegen sollten.

Kreativ

Diese Blumen sehen wunderschön als Dekoration auf Geschenken aus! Natürlich können deine Blumen auch noch mehr Lagen haben. Du kannst sie auch beschriften oder anmalen.

Expertenwissen!

Der **Kreis** ist eine **geometrische Figur,** bei der unendlich viele Punkte den gleichen Abstand zu einem Mittelpunkt haben. Diesen Abstand bezeichnet man als Radius.

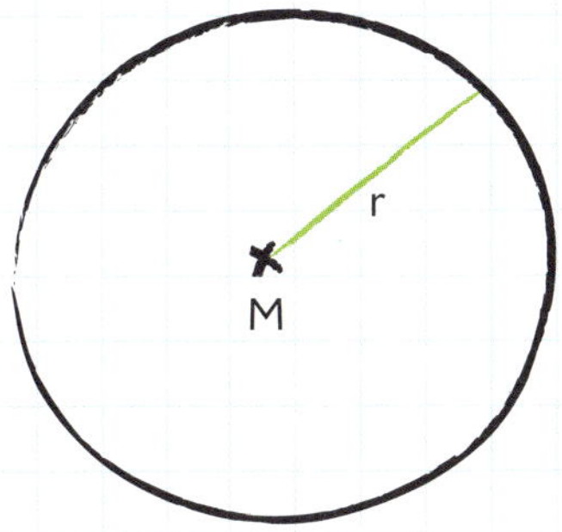

M – Mittelpunkt
r – Radius

In der Natur findest du überall Kreise, zum Beispiel bei einer Sonnenblume. Die Samen in der Mitte der Blüte sind kreisförmig angeordnet. Das liegt am Wachstum der Pflanze. Wird die Blüte größer, werden die Samenkörner spiralförmig von der Mitte nach außen geschoben.

Experte

Es gibt noch viel mehr kreisförmige Anordnungen in der Natur. Allerdings entsprechen diese dann nie exakt der Definition eines Kreises, da der Abstand zum Mittelpunkt nicht immer überall gleich ist.

Der Trapez-Krebs

Du brauchst:

- 1 Blatt Origamipapier
- Filzstifte

Schwierigkeit:

1. Falte das Papier zweimal diagonal, so dass die jeweils gegenüberliegenden Spitzen aufeinanderliegen, und öffne es dann wieder.

2. Drehe das Blatt um.

3. Falte es anschließend zweimal mittig und öffne es wieder.

4. Drücke die beiden rot markierten Knickkanten nach innen. So entsteht ein Dreieck. Falte die Knickkanten noch einmal gut nach.

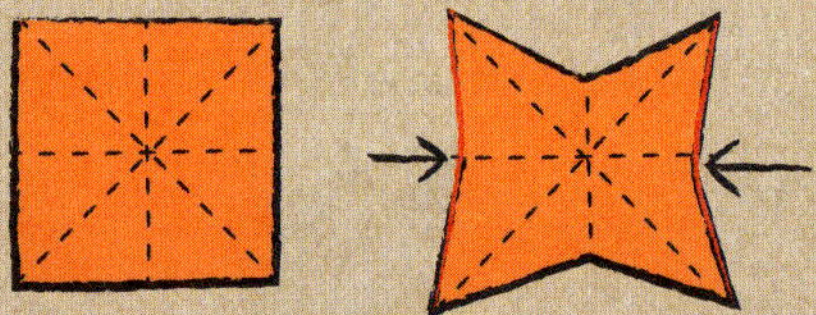

5. Drehe das Blatt um.

6. Falte die obere Lage einer Ecke nach unten um. Jetzt hat dein Krebs eine Schere. Falte auch die zweite Krebsschere. Achte darauf, dass es symmetrisch wird, dass also beide Seiten möglichst gleich aussehen!

7. Dreh das Blatt um.

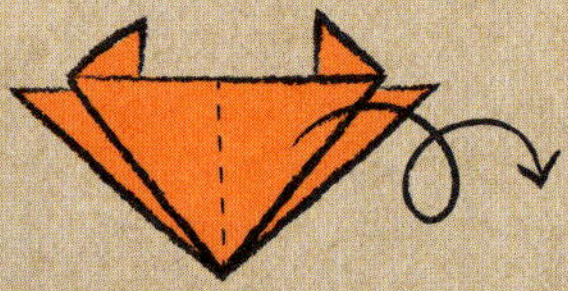

8. Jetzt faltest du die die untere Ecke etwa 2 Zentimeter weit nach oben.

9. Für die Krebsbeinchen faltest du die oberen beiden Ecken etwas schräg nach unten.

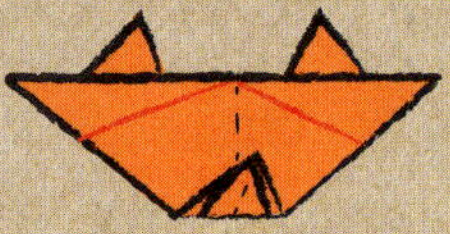

10. Dreh deinen Krebs wieder um.

11. Zum Schluss malst du ihm noch ein paar Augen! Ab ins Meer mit dir, kleiner Krebs!

Kreativ

Dein Trapez-Krebs ist ziemlich talentiert. Er kann nämlich springen – und das ist ganz außergewöhnlich für einen Krebs! Falte mehrere Trapez-Krebse und veranstalte ein lustiges Wetthüpfen mit deinen Freunden!

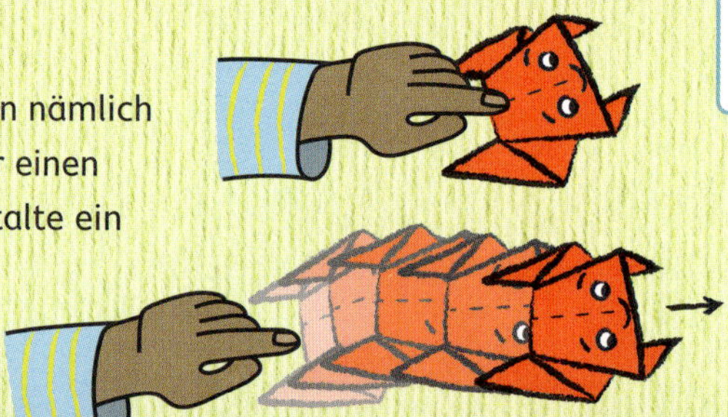

Hast du eigentlich das Trapez am Krebs entdeckt?

Ein Trapez hat 4 Seiten. 2 von ihnen sind parallel, sie werden Grundseiten genannt. Die längere der beiden Grundseiten ist die Basis. Die beiden anderen Seiten heißen Schenkel.

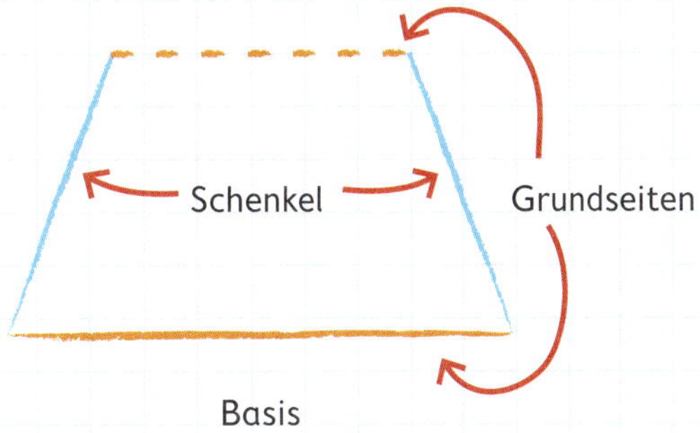

Rätsel

Da sind sie wieder, die Dreiecke! Wenn du mit Schritt 3 fertig bist, kannst du ganz viele auf deinem Papier sehen. Hier noch ein Dreiecks-Rätsel für Schlaufüchse:

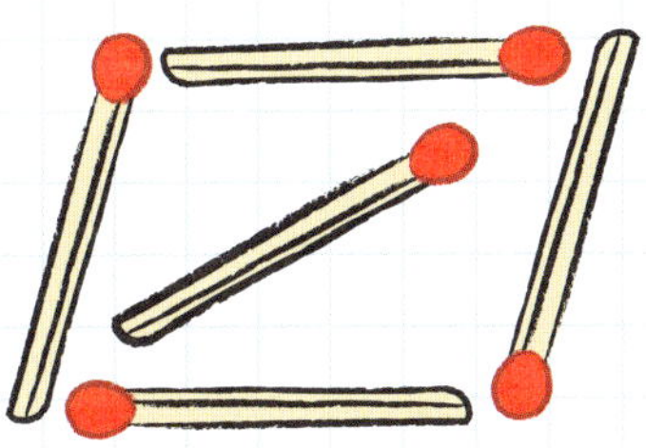

2 Dreiecke bilden ein Parallelogramm. Kannst du 2 Streichhölzer so umlegen, dass ein Trapez entsteht?

(Lösung auf Seite 46)

Die Dreiecke in diesem Gebäude zu finden, ist nicht schwer, aber findest du auch ein paar Trapeze?

Gecheckt!

Welche Formen haben die Körper dieser kleinen Krabben hier, erkennst du sie?

(Lösung auf Seite 46)

Die viereckige Naschtüte

Schwierigkeit:

Du brauchst:

- Buntes Papier, 20 x 20 cm

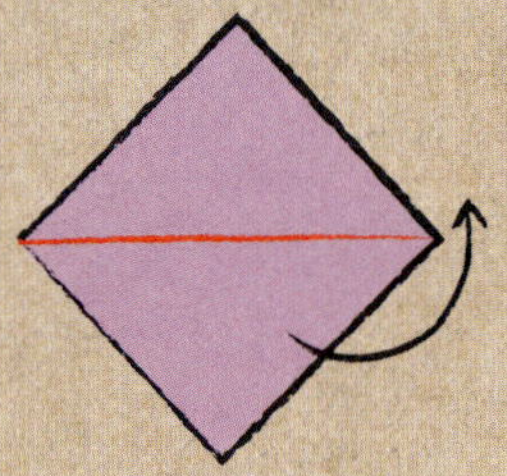

1. Falte das Blatt diagonal, also so, dass 2 gegenüberliegende Spitzen aufeinander liegen.

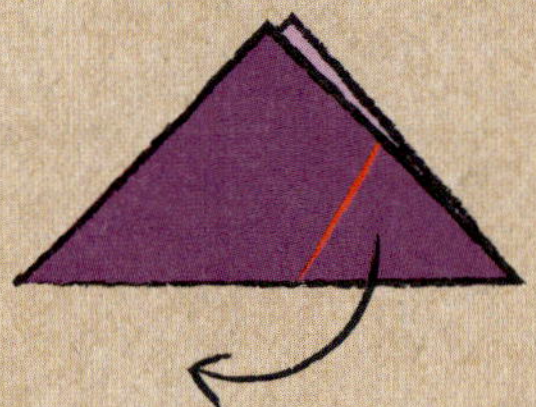

2. Falte die rechte Spitze zur gegenüberliegenden Seite.

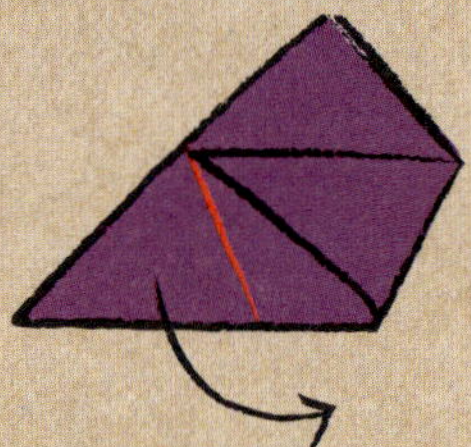

3. Falte nun auch die linke Spitze hoch, so dass sich die Kanten auf einer Linie treffen.

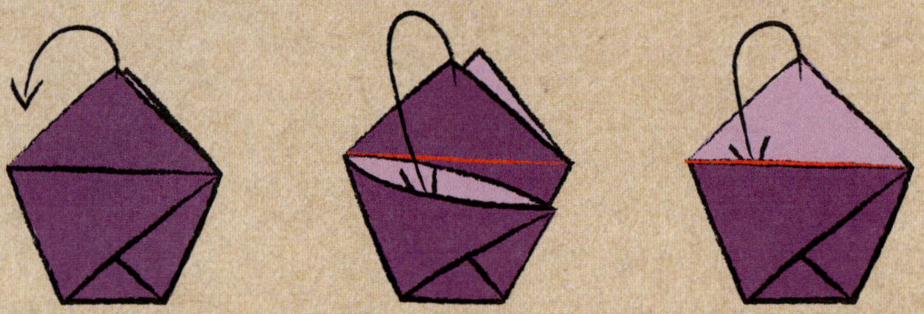

4. Falte das vordere obere Dreieck nach vorne und stecke es dann in die Lasche, um die Tüte zu stabilisieren. Das hintere Dreieck faltest du einfach nach innen.

5. Fertig ist deine Naschtüte. Sie wartet nur noch darauf, gefüllt zu werden. Am besten kleidest du sie noch mit Küchenkrepp oder einem Taschentuch aus, bevor du unverpackte Bonbons hineinsteckst. Perfekt für gemütliche Fernsehabende!

Kreativ

Eine tolle Idee für einen Kindergeburtstag: Lass deine Gäste ihre eigenen Naschtüten falten und mit Stickern und Buntstiften gestalten! Die Naschtüten können dann mit bunten Süßigkeiten oder Popcorn gefüllt werden. Mmmh, lecker!

Gecheckt!

Du kennst die Form deiner Naschtüte schon: das **Trapez**! Erkennst du auch die Trapeze bei diesen Gegenständen?

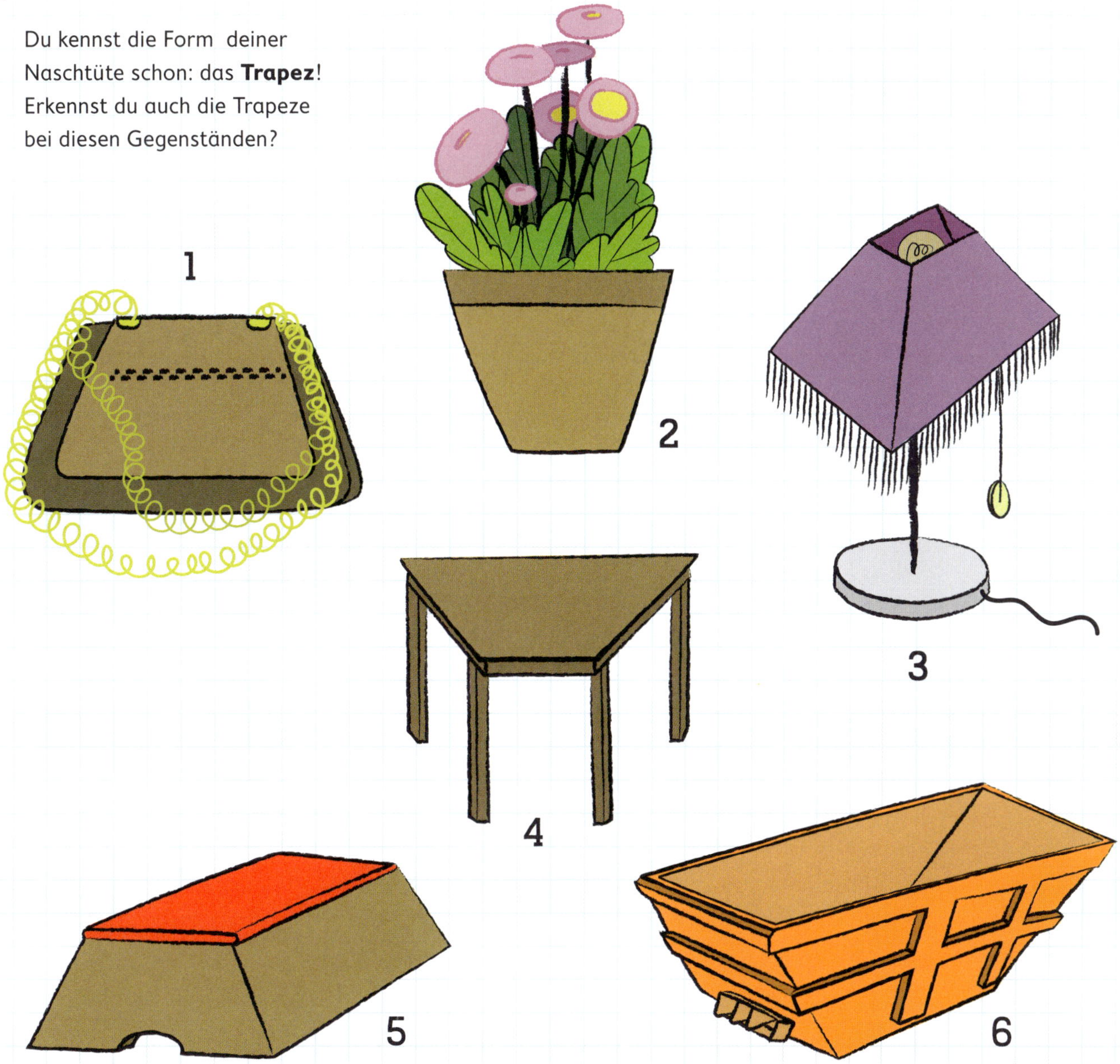

(Lösung auf Seite 46)

Rätsel

In diesem großen Dreieck verstecken sich **3 gleichgroße Trapeze**.

Kannst du sie finden?

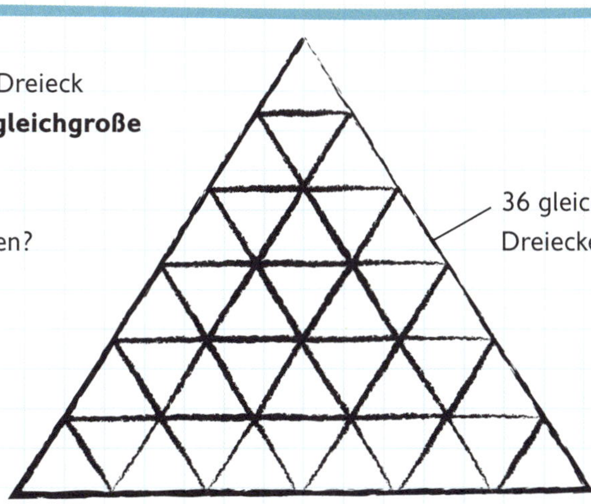

36 gleichseitige Dreiecke.

(Lösung auf Seite 46)

Du brauchst:

- 1 Blatt Origamipapier
- Filzstift

Der Rauten-Rochen

Schwierigkeit:

1. Wiederhole die Schritte 1 bis 3 vom Trapez-Krebs (Seite 14).

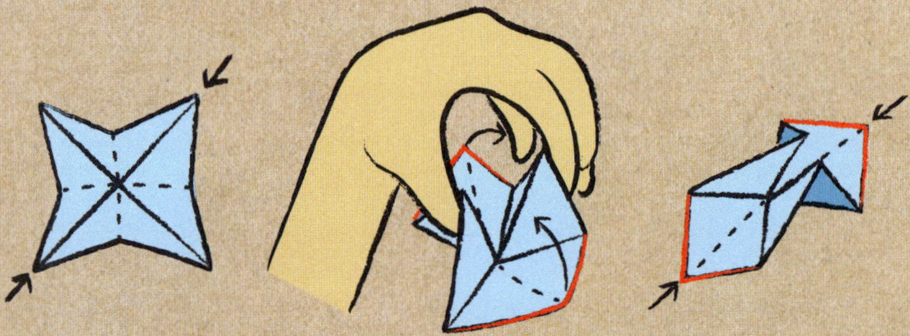

2. Jetzt sieht dein Papier so aus. Klappe die 4 Ecken nach oben in der Mitte zusammen.

3. Lege das Blatt nun zu einem Quadrat zusammen und falte es glatt.

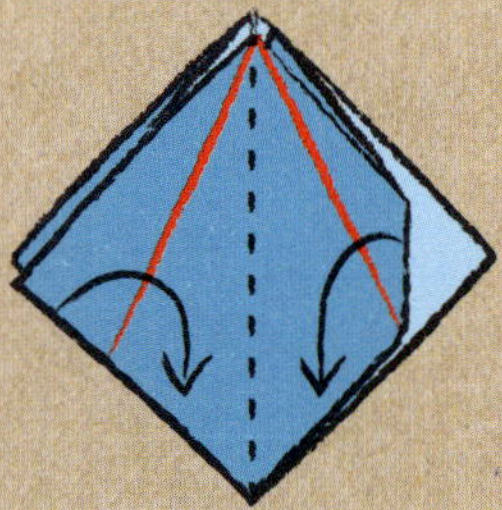

4. Lege das Quadrat so vor dich, dass die Öffnung mit den 4 Spitzen nach oben zeigt. Falte die beiden oberen Lagen der Seiten zur Mitte hin.

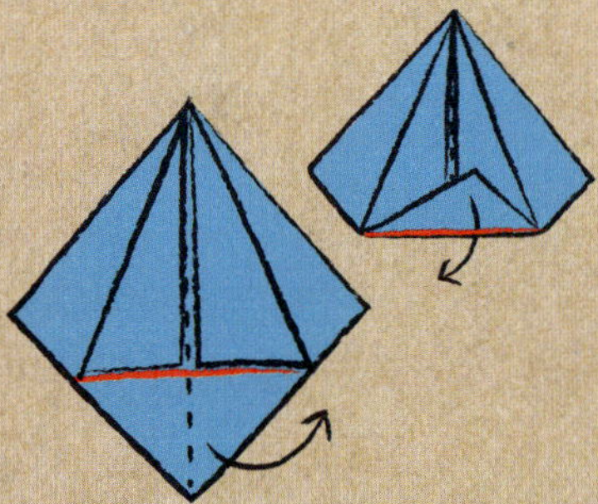

5. Knicke die untere Spitze hoch. Falte anschließend alles wieder bis zum Quadrat auf.

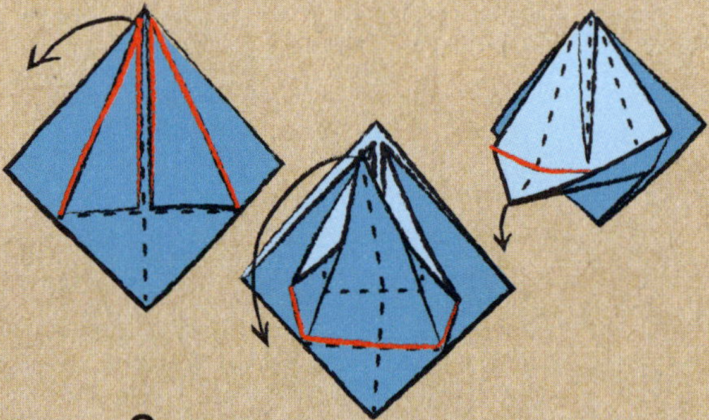

6. Ziehe die obere Lage der oberen Spitze nach unten auf.

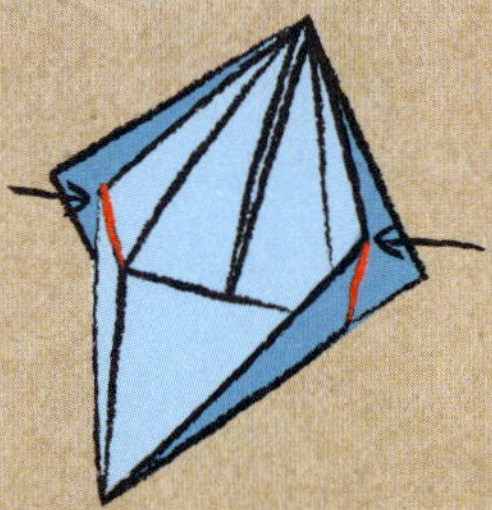

7. Jetzt hast du so etwas wie ein Schiffchen. Falte die Seitenwände zur Mitte hin.

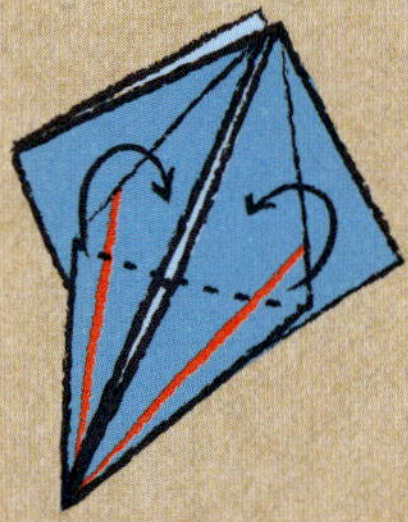

8. Nun kann man die Rochenform schon super erkennen, oder? Falte beide Seiten des Schwanzes zur Mitte hin. Jetzt hat dein Rochen einen Stachel!

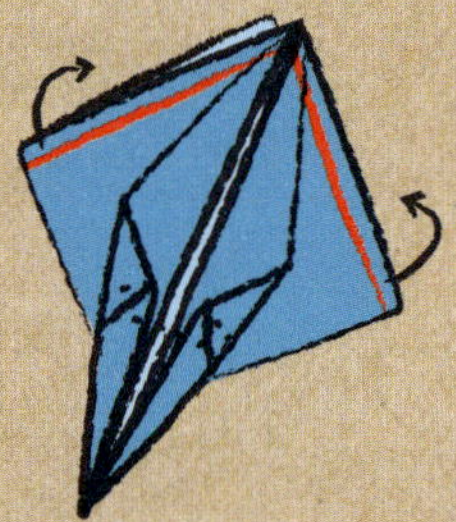

9. Knicke die Kopfränder nur ein ganz kleines Stück weit zu dir.

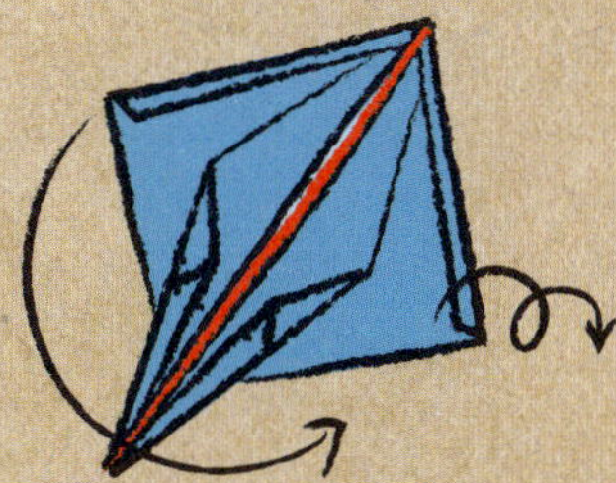

10. Falte den Rochen einmal in der Mitte und dreh ihn dann um.

11. Nun fehlen deinem Rochen nur noch ein paar Augen. Und schon kann er losziehen zu seinen Abenteuern im Meer!

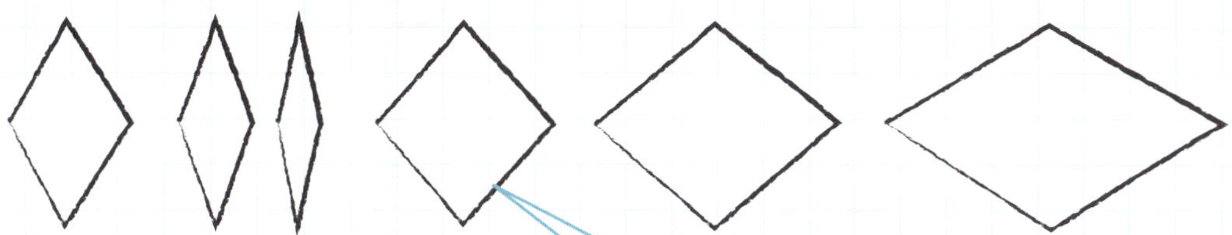

Eine **Raute** ist ein **Viereck**, bei dem alle 4 Seiten gleich lang sind. Die gegenüberliegenden Seiten sind zudem parallel.

Das Quadrat ist eine Raute mit 4 rechten Winkeln.

Gecheckt!

Die Marienkirche in Dortmund hat ein **Rautendach**. Warum heißt das wohl so? Entdeckst du die Raute?

(Lösung auf Seite 46)

Experte

Bist du ein Fußballfan? Dann fallen dir sicher einige Wappen von Fußballvereinen ein, in denen eine Raute zu sehen ist! Und auf der Flagge Brasiliens ist auch eine Raute zu sehen:

Expertenwissen!

Wenn du auf deinen Rochen schaust, dann siehst du, dass er rechts und links genau gleich aussieht. Das bedeutet, er ist symmetrisch. Symmetrische Formen findet man in der Natur ganz häufig.

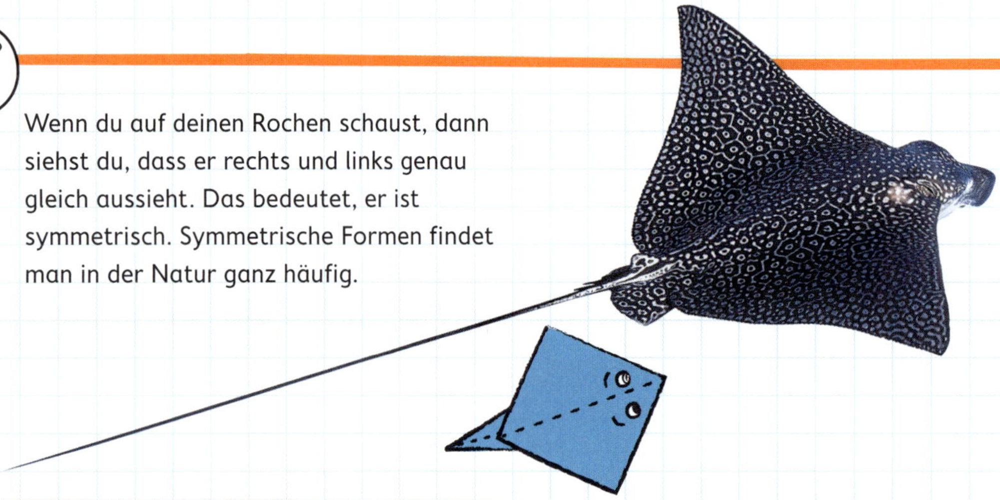

Lust auf ein kleines Symmetrie-Experiment? Halte einen kleinen Spiegel an die eingezeichnete Linie (die nennt man übrigens Symmetrieachse). Wird das Bild dadurch vervollständigt, dann ist es symmetrisch.

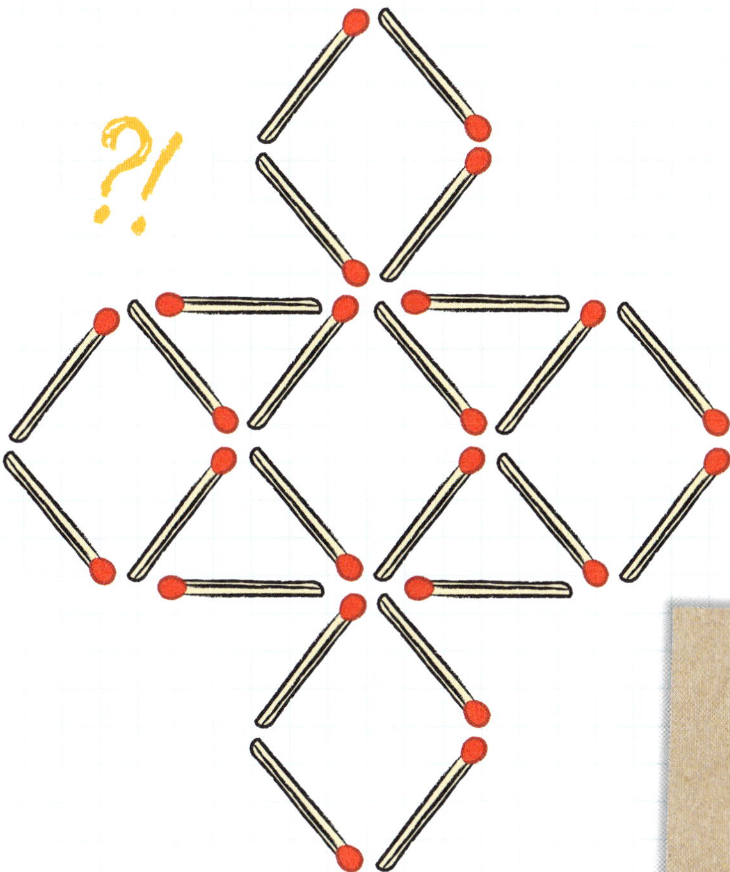

Rätsel

Schaffst du es, nur **4 Streichhölzer** so zu bewegen, dass du am Ende **14 Rauten** hast?

(Lösung auf Seite 47)

Kreativ

Baue ein Zuhause für deinen Rauten-Rochen: Male eine Meereslandschaft in einen Schuhkarton. Auf den „Meeresgrund“ klebst du Muscheln, Sand und „Felsen“, also Steine. Schneide „Wasserpflanzen“ aus Pappe aus und klebe sie auf den Boden. Hänge deinen Rauten-Rochen an einem dünnen Faden in sein neues Zuhause. Lass doch auch den Trapez-Krebs (Seite 14) und ein paar blitzschnelle Dreiecksfische einziehen!

Blitzschnelle Dreiecksfische

Schwierigkeit:

1. Nimm hierfür kleine, bunte Notizzettel. Führe die Schritte 1 bis 5 vom Trapezkrebs durch (Seite 14).

2. Falte dann die obere Lage der rechten Seite ein Stück über die Mitte. Falte die obere Lage der linken Seite darüber.

3. Und schon bist du fertig!

Die Sechseck-Katze

Schwierigkeit:

Du brauchst:

- 2 Blätter Origamipapier
- Filzstifte
- Kleber

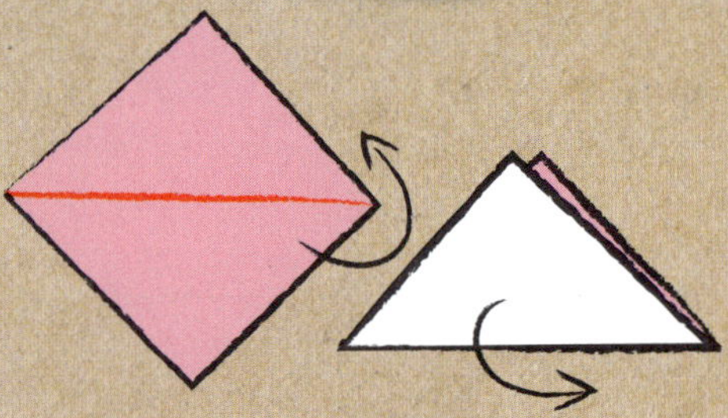

1. Falte das Blatt diagonal, also so, dass eine Spitze genau auf der gegenüberliegenden liegt, und falte es dann wieder auseinander.

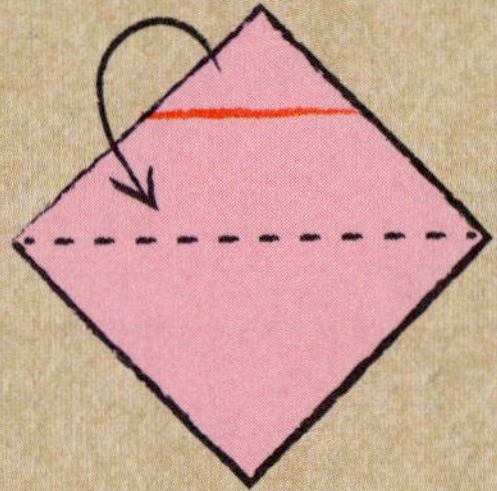

2. Nun faltest du die obere Spitze zur Mitte hin.

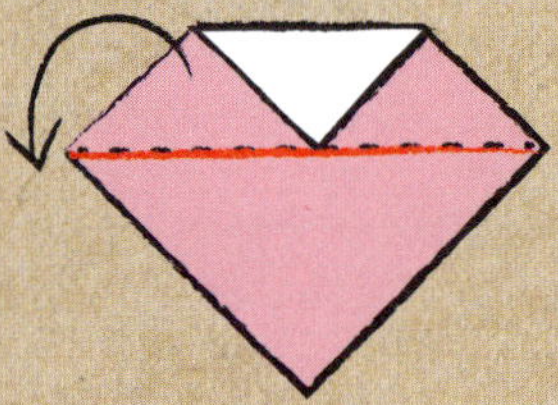

3. Falte das Blatt dann wieder in der Mitte.

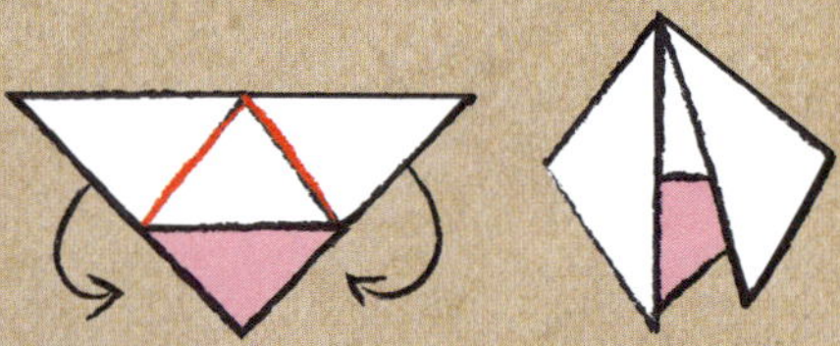

4. Anschließend faltest du beide oberen Spitzen zur unteren hin.

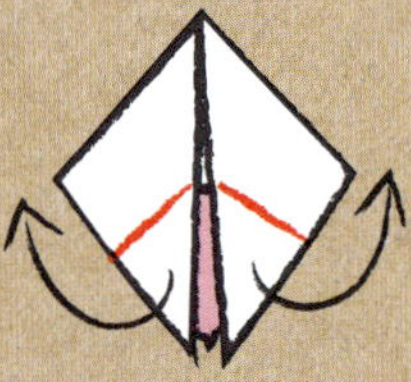

5. Falte die obere Lage der unteren Ecke rechts und links zu Katzenöhrchen.

6. Knicke die obere Spitze zwischen den Ohren nach unten.

7. Dreh dein Blatt um.

8. Falte die Katzenschnauze nach oben. Jetzt hat dein Katzenkopf eine sechseckige Form.

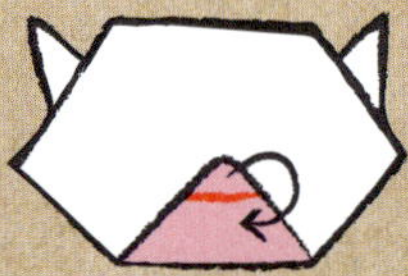

9. Für das Näschen knickst du noch ein kleines Dreieck ab.

10. Male deinem Kätzchen zum Schluss noch Augen, eine Schnauze und Schnurrhaare.

11. Führe die Schritte 6-8 des Dreiecks-Fuchses auf Seite 6 durch und klebe deinen Katzenkopf anschließend auf den Körper.

Kreativ

Klebe einen Pappstreifen an den Körper deiner Katze und lass sie bei deinem tierischen Theater von Seite 6 mitspielen!

Ein **Sechseck** hat – das überrascht jetzt nicht wirklich – 6 Ecken. Es hat auch 6 Seiten. Genauso wie dein Katzenkopf! Sind die alle gleich lang, dann hat man ein gleichseitiges Sechseck. Ein Sechseck wird auch Hexagon genannt.

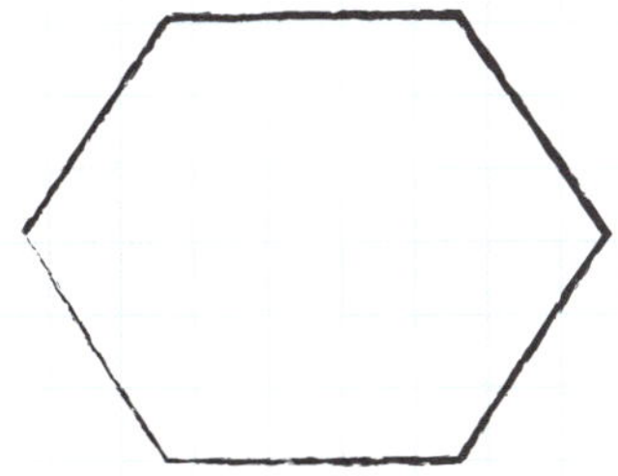

Ein Hexagon ist schon wirklich eine klasse Form, denn sie ist platzsparend und sehr stabil. Deshalb findet man sie häufig in der Natur, zum Beispiel hier!

Gecheckt!

An welchen dieser Schrauben findest du Sechsecke?

(Lösung auf Seite 47)

Experte

Auch in der Architektur kann man das Sechseck finden, zum Beispiel bei der Sechseck-Kapelle in Schwäbisch-Hall.

Kreativ

Magisches Geogami-Bild

Male ein solches Bild aus unterschiedlich farbigen Dreiecken, die Sechsecke ergeben. Welche Formen erkennst du darin noch?

(Lösung auf Seite 47)

Du brauchst:

- 1 Blatt Origamipapier

Der Weihnachtsstern

Schwierigkeit:

1. Führe die Schritte 1 bis 5 vom Trapez-Krebs (Seite 14) durch, sodass du ein Dreieck erhältst.

2. Lege es mit der Spitze zu dir hin und falte die oberen Lagen der Seiten zur Mitte hin.

3. Falte die Seiten wieder zurück.

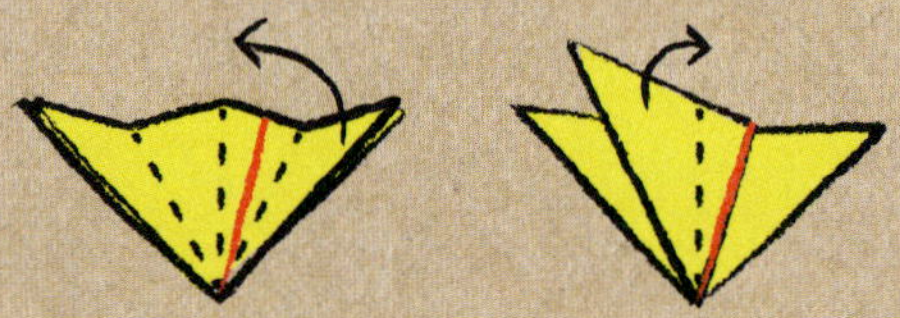

4. Falte dann die obere Lage der rechten Seite zur Faltlinie der linken Seite und wieder zurück.

5. Anschließend faltest du auch die obere Lage der linken Seite zur Faltlinie der rechten. Falte sie dieses Mal aber nicht zurück!

6. Falte diese Seite stattdessen entlang der hier eingezeichneten, bestehenden Faltlinie zurück, so dass die Spitze nach links zeigt. Der neue Knick sollte exakt auf der Mittellinie liegen.

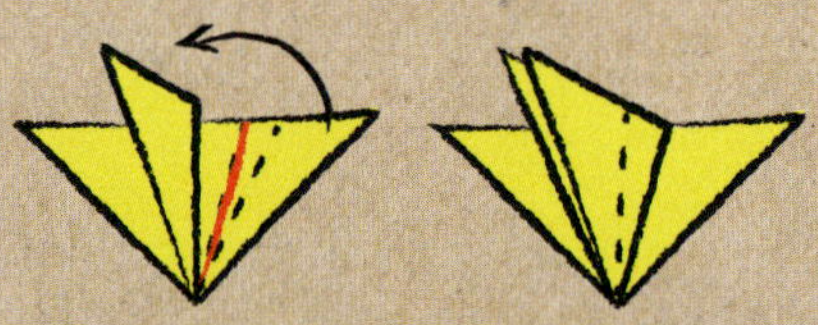

7. Falte die obere Lage der rechten Seite entlang der angezeigten Faltlinie darüber. Anschließend sollten die Kanten beider Seiten links aufeinanderliegen.

8. Dann faltest du diese Seite entlang der eingezeichneten Faltlinie wieder zurück.

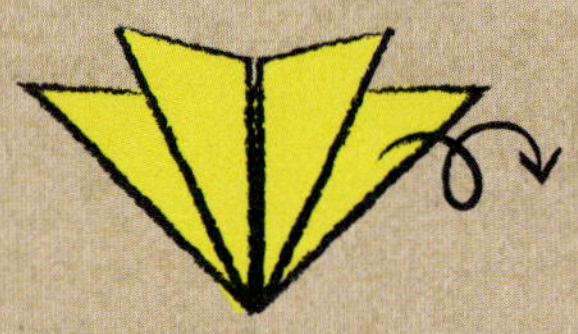

9. Wenn es nun so aussieht, hast du alles richtig gemacht, und du kannst dein Blatt umdrehen.

10. Wiederhole die Schritte 2-8 nun mit der Rückseite. Zur Mitte, zurück – zur Faltlinie, zurück, ... und so weiter.

11. Sieht dein Blatt jetzt so aus? Dann herzlichen Glückwunsch! Ziehe die obere Lage der beiden oberen Seiten vorsichtig zu dir hin, bis du innen ein Quadrat entdeckst.

12. Falte deinen Stern schön flach. Dreh ihn anschließend um 180 Grad.

13. Ziehe die beiden hier markierten Zacken so weit auseinander, dass das Pentagramm gleichmäßig wird. Drücke den Stern anschließend noch einmal fest und drehe ihn um.

14. Fertig ist dein Stern.

Einen **fünfzackigen Stern** nennt man **Pentagramm**. Dieses Zeichen gilt als Symbol für Gesundheit und den Kreislauf des Lebens, denn man kann den Stern nachzeichnen, ohne den Stift abzusetzen.

Gecheckt!

Probier es mal aus:
Zeichne das Pentagramm mit dem Finger nach, ohne den Finger dabei von der Seite zu nehmen!

Wenn du die Zacken eines Pentagramms verbindest, entsteht ein Pentagon, ein Fünfeck:

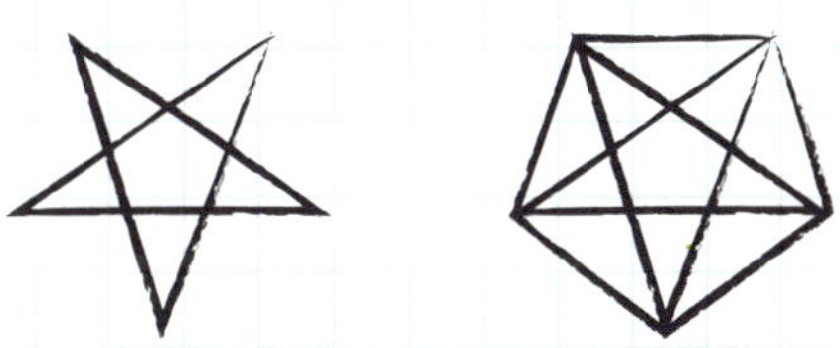

Der **Hauptsitz des amerikanischen Verteidigungsministeriums** sieht nicht nur aus wie ein Pentagon, sondern er heißt auch so!

Expertenwissen!

Kreativ

Dieser Stern ist eine tolle Fensterdeko zu Weihnachten. Dazu könntest du Muster auf deinen Stern malen oder ihn mit Glitzersteinen oder Perlen bekleben!

Oder du klebst deine Sterne auf eine Laterne!

Experte

Auch in **den Flaggen** der EU, der USA, von Äthiopien oder Marokko sieht man Pentagramme:

Pentagramme findest du ebenfalls in der **Natur**.

Steht das Pentagramm auf einer Spitze, spricht man von einem **Drudenfuß**. Er wurde im Mittelalter als Zauberzeichen gegen böse Geister an Türen angebracht oder diente als Kennzeichen für Geheimbanden. Du findest ihn oft auch an Kirchenbauten.

Der Würfel

Schwierigkeit:

Du brauchst:

- 1 Blatt Origamipapier

Wenn du das Blatt an dieser Stelle wieder auseinanderfaltest, wie viele Dreiecke zählst du?

(Lösung auf Seite 47)

1. Führe die Schritte 1-5 vom Trapez-Krebs (Seite 14) durch, so dass dein Blatt so aussieht.

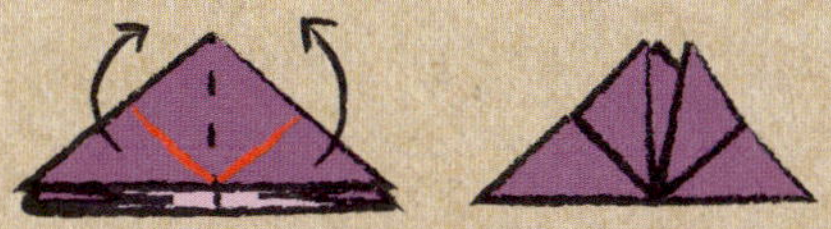

2. Falte die oberen Schichten der unteren Spitzen zur oberen Spitze hin.

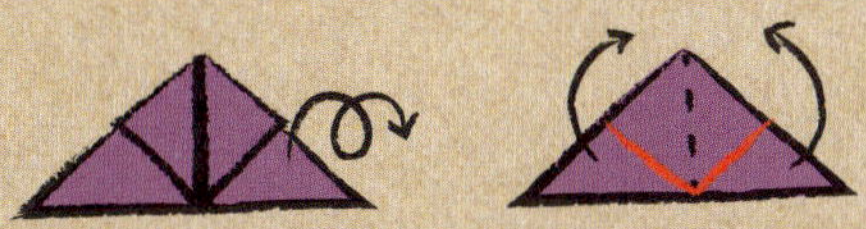

3. Drehe dein Blatt um und wiederhole Schritt 2 auf der Rückseite.

4. Was für eine Form hast du jetzt? Richtig! Ein Quadrat! Lege es so vor dich hin, dass der Schlitz nach oben zeigt. Falte die obere Lage von links und rechts zur Mitte hin.

Wenn du dein Quadrat nach Schritt 4 wieder auseinanderfaltest, erhältst du dieses Muster:

Na, wie viele Dreiecke sind es jetzt?

(Lösung auf Seite 47)

5. Falte die oberen Lagen der beiden oberen Ecken so nach unten, dass die Kanten sich berühren.

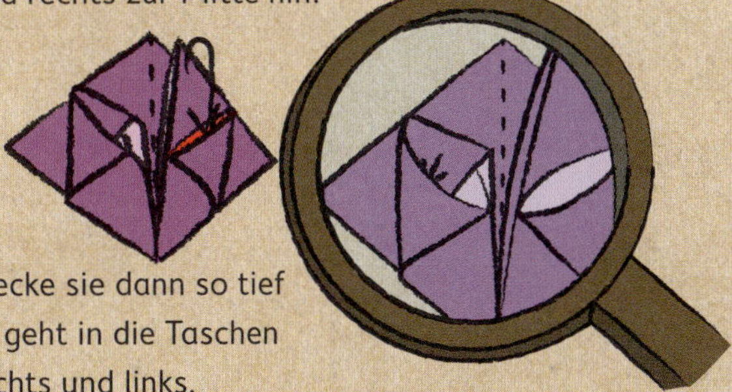

6. Stecke sie dann so tief es geht in die Taschen rechts und links.

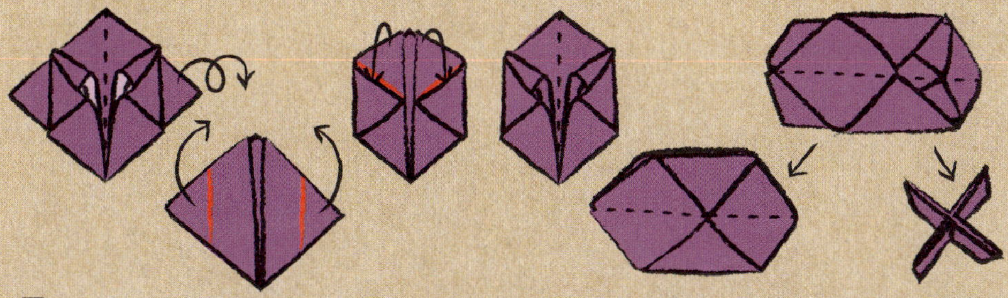

7. Dreh das Papier um und wiederhole die Schritte 4 bis 6 auf der Rückseite. Das Ergebnis müsste nun so aussehen. Zieh die Kanten ein wenig auseinander. Wenn du jetzt von oben draufschaust, entdeckst du an einer Seite deines Würfels ein kleines Loch.

8. Jetzt kommt das Beste: Puste sanft in das Loch, als würdest du einen Ballon aufblasen. Und wie von Zauberhand entfaltet sich dein Würfel. Richte die Kanten noch ein wenig, damit er mehr Form erhält.

Expertenwissen!

Ein Würfel ist ein Körper mit 6 gleich großen Flächen, 12 gleich langen Kanten und 8 Ecken.

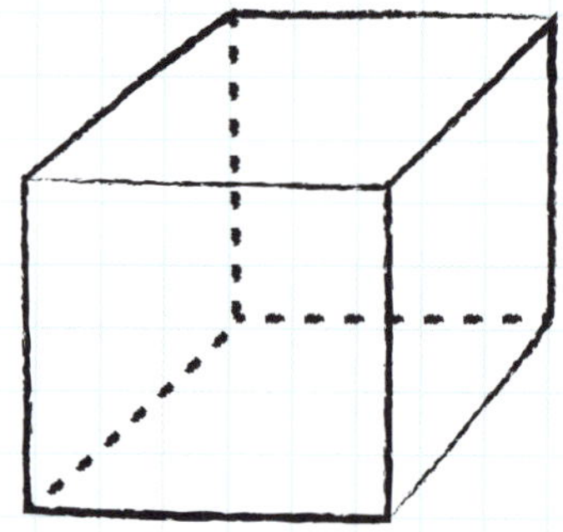

Gecheckt? Jetzt kommt ein **Würfel-Rätsel** für echte Geometrie-Füchse:

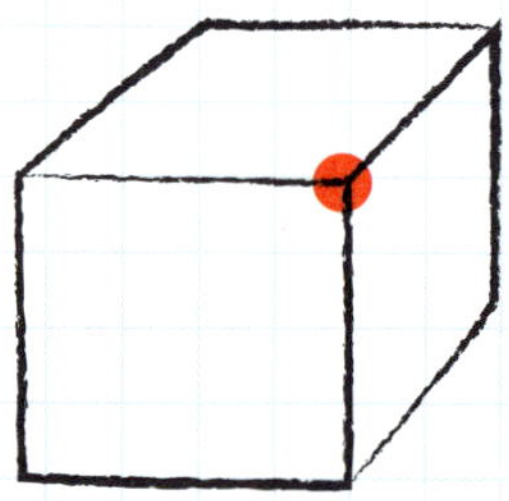

Drehe diesen Würfel

- **einmal** nach rechts
- **zweimal** nach hinten
- **dreimal** nach links und
- **zweimal** nach vorne.

Wo befindet sich der rote Punkt jetzt? Versuch mal, die Aufgabe im Kopf zu lösen. Dann kannst du es ja mit deinem Würfel ausprobieren. Male ihm eine rote Ecke und leg los!

(Lösung auf Seite 47)

Male Würfelaugen auf deinen Würfel, dann kannst du mit ihm das Spiel auf Seite 34 spielen.

Mit den Quadraten aus Schritt 4 kannst du lustige 3D-Raupen basteln. Einfach viele bunte Quadrate ineinanderstecken, an den unteren Lagen der Spitzen ineinanderkleben und vorne ein fröhliches Raupengesicht aufzeichnen.

Der Quader

Schwierigkeit:

Du brauchst:

- 2 Blätter Origami-Papier
- evtl. Kleber

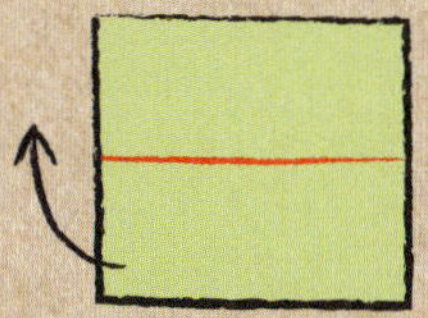

1. Falte das Blatt in der Mitte ...

2. ... und nochmal in der Mitte nach oben, und zwar mit der geschlossenen Seite.

3. ... und nochmal in der Mitte nach oben. Falte es dann auseinander.

Schau dir dein Origami-Papier nach Schritt 3 einmal genau an. Darauf siehst du jetzt 7 Faltlinien. Wenn du das Blatt genau geknickt hast, müsste der Abstand zwischen den Linien überall gleich sein. Schnapp dir dein Lineal und miss mal nach! Das heißt, deine Linien sind parallel!

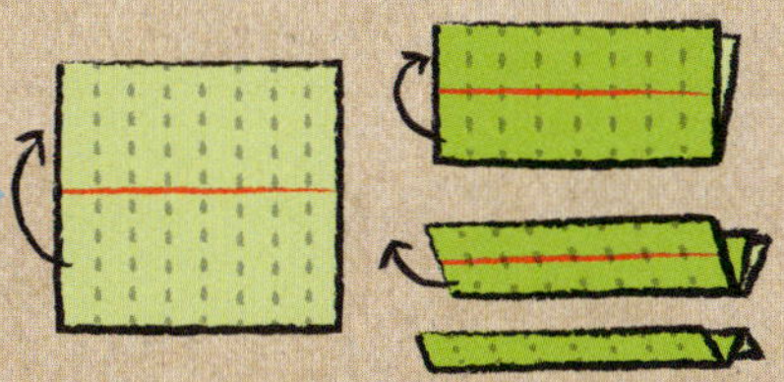

4. Dreh das Blatt so um, dass die Falten senkrecht zu dir liegen, und falte es wieder dreimal – und wieder auseinander.

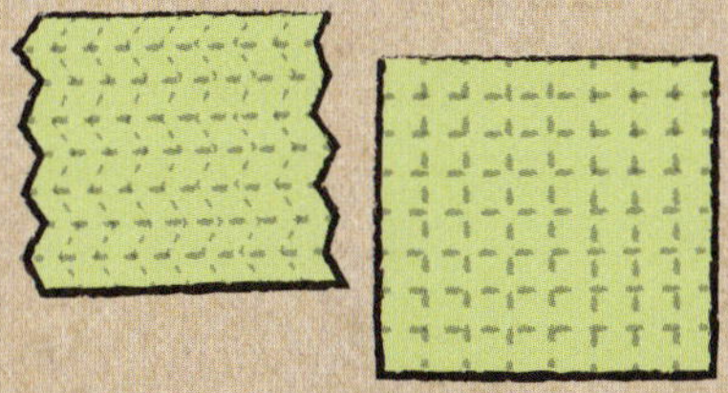

5. Jetzt müsste dein Blatt so aussehen. Es sind lauter kleine Quadrate entstanden. Mit ihnen kannst du prima das Einmaleins üben. Wie viel sind 3x3? Male einfach die Kästchen aus und zähle nach!

6. Schneide das Blatt dort ein, wo du hier die roten Markierungen siehst – also genau 2 Kästchen weit.

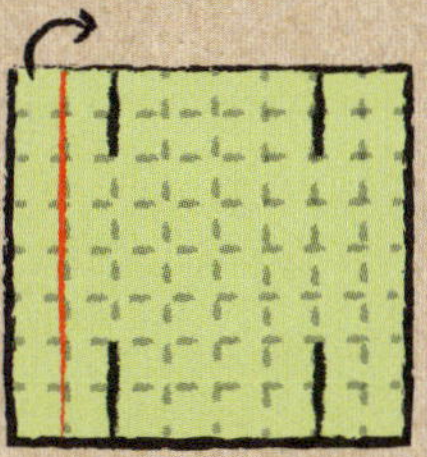

7. Knicke die linke Seite entlang der ersten Falte.

8. Knicke sie noch ein zweites Mal.

9. Das Gleiche machst du auf der gegenüberliegenden Seite.

10. Drehe das Blatt, so dass die gefalteten Streifen oben und unten sind.

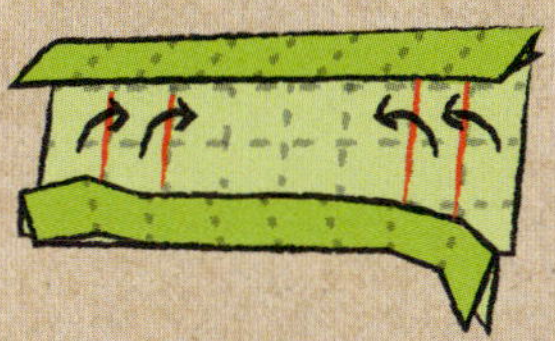

11. Knicke dann auch die schmalen Seiten beide je zweimal um. Die außen liegenden, eingeschnittenen Streifen knickst du nicht mit.

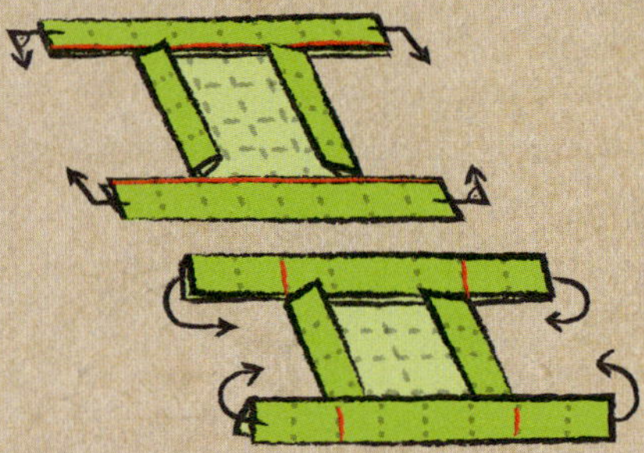

12. Knicke die Enden der langen Seiten rechtwinklig nach innen.

13. Falte dann die schmalen Seiten darüber. Wenn du möchtest, kannst du sie mit Kleber befestigen, dann ist es stabiler.

14. Hält prima! Fertig ist der Boden.

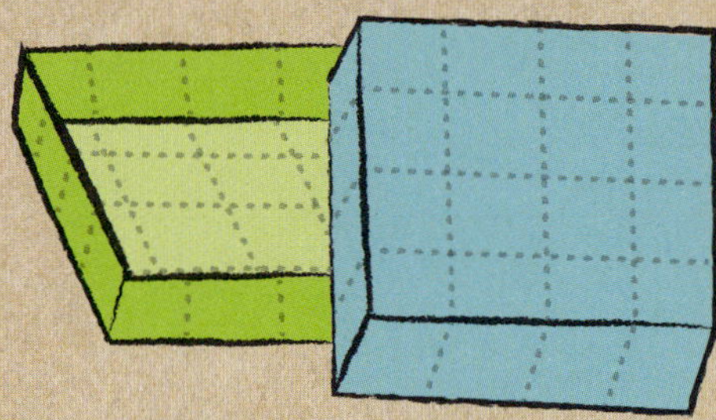

15. Mach das Ganze gleich nochmal für den Deckel, gehe vor wie bei den Schritten 1-13. Setze den Deckel auf den Boden und da hast du deinen Quader!

Und was ist bitte ein Quader?

Ein Quader ist ein Körper aus 6 Rechtecken. Die gegenüberliegenden sehen immer genau gleich aus.

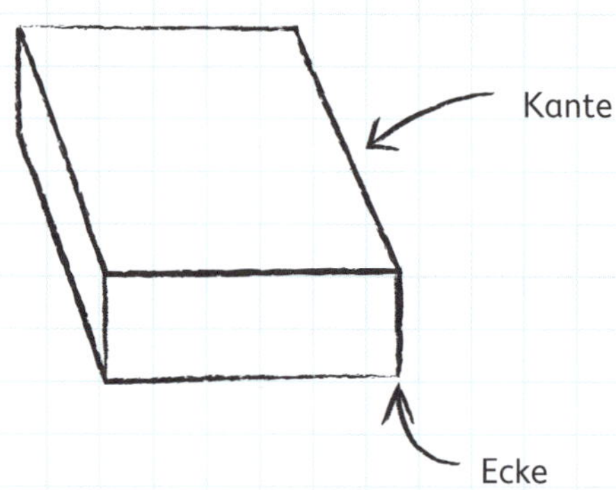

Gecheckt!

Wenn dein Quader gleich fertig ist, dann zähl mal, ob er auch 6 Flächen hat! Und wenn du schon dabei bist, kannst du ja auch mal die Ecken und Kanten zählen. Wie viele sind es?

(Lösung auf Seite 47)

Der Künstler Friedensreich Hundertwasser hat in seinen bunten Bildern jede Menge geometrische Formen verarbeitet. Schau dir das Bild des berühmten Hundertwasserhauses in Wien hier mal an. Siehst du die Rechtecke? Sie sind zwar ein bisschen krumm, aber so ein Künstler darf das.

Kreativ

Magischer Quader

Klasse! Du hast einen Quader gebastelt! Doch dein Quader ist nicht einfach nur ein Quader. Er ist viel mehr: nämlich ein Schatzkästchen, in dem du all deine kleinen Geheimnisse aufbewahren kannst.

So geht's:

Wühl dich durch deine Bastelkisten, suche allerhand schöne kleine Dinge aus der Natur oder schnapp dir einfach deine Lieblingsstifte und los geht's:
Gestalte den Deckel deines Quaders nach Lust und Laune. Du kannst ihn mit kleinen Schmucksteinchen, Stickern, hübschem Band, getrockneten Blüten, kleinen Früchten oder Blättern bekleben oder du bemalst ihn, vielleicht kunterbunt und mit geometrischen Formen wie Hundertwasser!

Kreativ

Wenn du noch weitere Körper wie den Quader gebastelt hast, zum Beispiel den **Würfel**, das **Prisma** oder die **Pyramide**, kannst du sie auch zu einem großen Hundertwasserhaus zusammensetzen und fantasievoll gestalten!

Du brauchst:

- 1 Blatt Origami-Papier
- Kleber

Die Pyramide

Schwierigkeit:

1. Falte dein Papier zuerst zweimal diagonal, also so, dass die Spitze jeweils auf der ihr gegenüberliegenden Spitze liegt. Falte das Papier dann noch einmal mittig zu beiden Seiten und falte es nach jedem Schritt wieder auseinander.

2. Falte die Spitzen spitzer. Fang mit einer Spitze an und falte die Seiten zur Mitte hin. Achte darauf, dass du nur bis zur hier markierten Mittelkante knickst.

3. Falte auch die andere Seite dieser Spitze, wieder nur bis zur Mittelkante. Anschließend faltest du sie wieder auseinander.

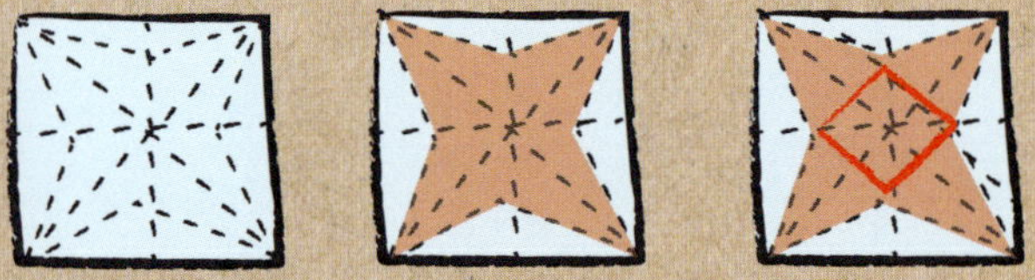

4. Diesen Schritt wiederholst du mit den anderen 3 Spitzen. Wenn du dein Blatt nun auseinanderfaltest, sieht es so aus. Du erkennst jetzt eine Sternform. Das sind schon die Seiten deiner Pyramide. Das Quadrat in der Mitte ist deine Grundfläche. Falte die 4 Seiten wie hier eingezeichnet noch einmal gut nach.

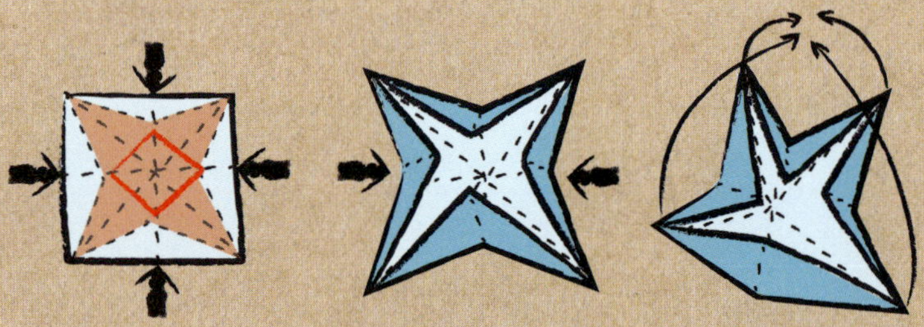

5. Drücke nun die hier markierten Dreiecke nach innen ein. Automatisch stellen sich die Seiten deiner Pyramide auf.

6. Trage auf die Seiten etwas Kleber auf und drücke sie dann vorsichtig zusammen, bis sie halten. Fertig!

Eine **Pyramide** hat immer eine Grundfläche und eine Spitze. Die Grundfläche kann ein Dreieck, Viereck, Fünfeck oder auch Achteck sein. Die **Seitenflächen** von Pyramiden sind immer **dreieckig**.

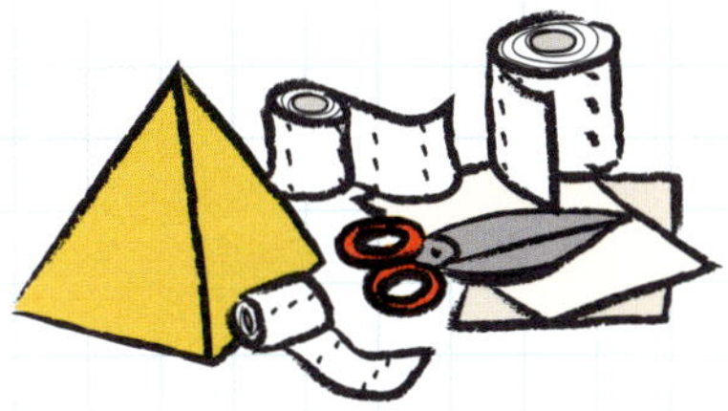

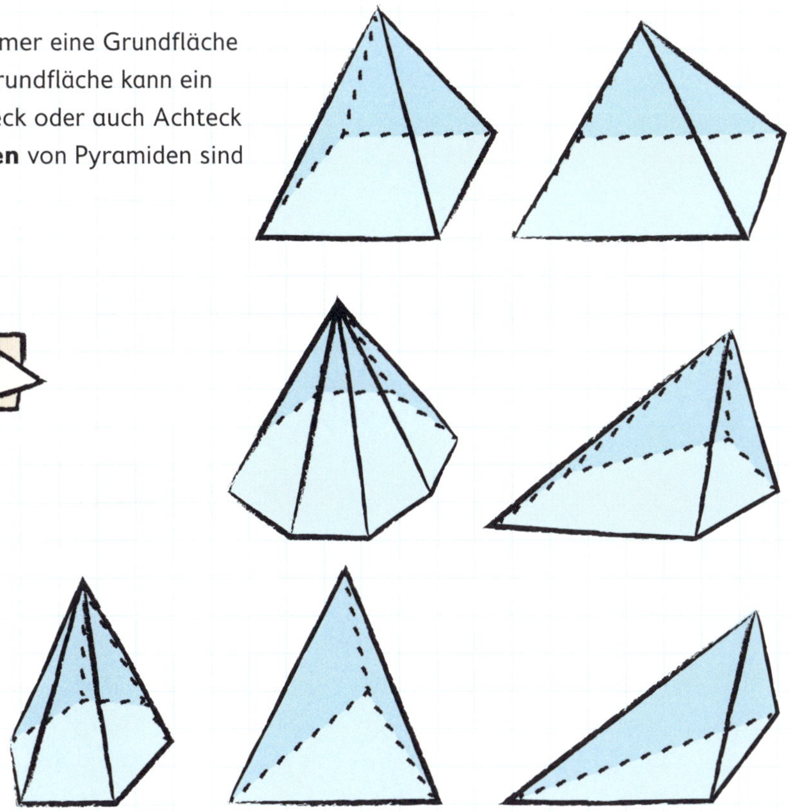

Gecheckt!

Welche Grundform hat deine Pyramide?

(Lösung auf Seite 47)

Experte

Diese berühmten Pyramiden hast du sicher schon mal gesehen. Es sind die Pyramiden von Gizeh, die vor mehr als 4.500 Jahren von den alten Ägyptern erbaut wurden. Wie deine Pyramide haben sie eine quadratische Grundform. Sie dienten als Grabmale und sind voller Geheimnisse. Viele Wissenschaftler rätseln immer noch, warum die Ägypter ausgerechnet die Pyramidenform wählten und wie sie es damals überhaupt geschafft haben, solch große Bauwerke zu errichten.

Und noch eine berühmte Pyramide, diesmal eine moderne. Sie gehört zum Louvre, einem bekannten Kunstmuseum in Paris. Wenn du genau hinsiehst, erkennst du, dass sie aus vielen geometrischen Formen besteht. Welche sind es?

(Lösung auf Seite 47)

Der schlaue Pharao!

Ein spannendes Spiel für 2-4 Geometrie-Füchse!

Vorbereitung:

1. Schneide 4 Quadrate (6 x 6 cm) aus Origamipapier und bastle daraus je eine kleine Pyramide. Die Anleitung dazu findest du auf Seite 32 in diesem Buch. Am besten übst du das Pyramidenfalten vorher ein paar Mal mit größerem Papier, dann fällt es dir leichter.
2. Falte den Würfel von Seite 27 und beschrifte ihn mit den Würfelseiten von 1-6.
3. Jeder Spieler wählt eine Pyramide und stellt sie auf das Startfeld.

So wird's gespielt:

Der jüngste Pharao beginnt. Er würfelt und läuft entsprechend viele Felder vor. Kommt ein Spieler auf ein Feld, auf dem eine geometrische Figur zu sehen ist, muss er auf das Feld vor- oder zurückgehen, auf dem genau die gleiche Figur zu sehen ist. Die anderen Spieler prüfen, ob er das richtige Feld gefunden hat. Auf einem Feld dürfen gleichzeitig auch mehrere Spieler stehen. Wer zuerst bei der Pyramide ankommt, ist der schlauste Pharao und gewinnt das Spiel!

5
10
8
15
16
20
17
28
26

Das Tetraeder

Schwierigkeit:

Du brauchst:

- 2 Blätter Origamipapier
- Bleistift

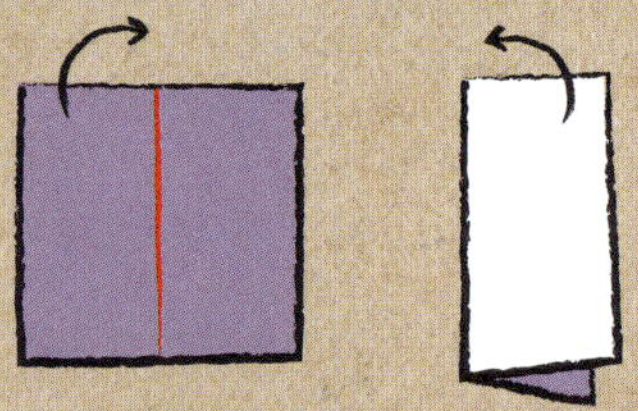

1. Falte das Blatt mittig und dann wieder auseinander.

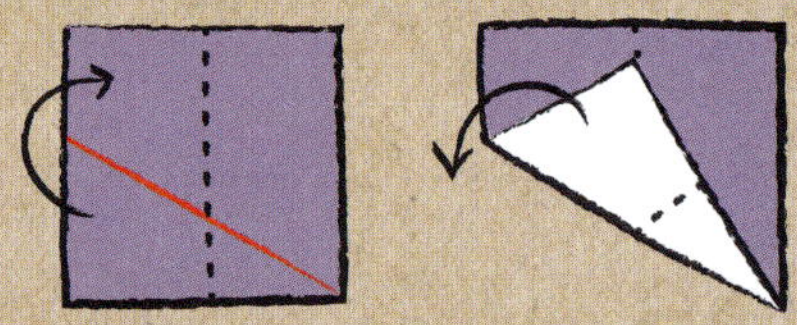

2. Falte die linke untere Spitze so zur gerade gefalteten Mitte hin, dass die Knickkante exakt auf der unteren rechten Spitze mündet, und wieder zurück.

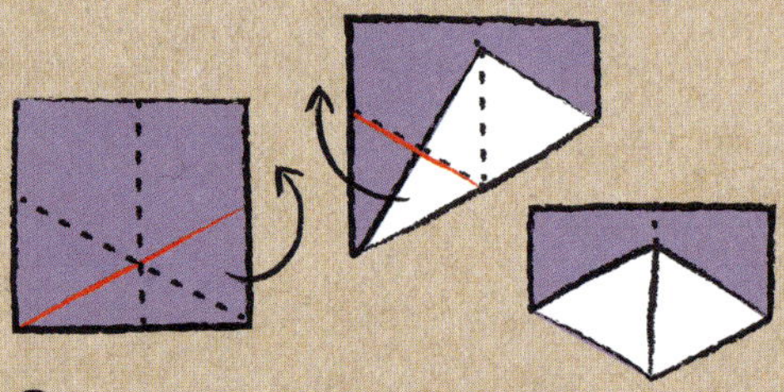

3. Wiederhole Schritt 2 mit der rechten unteren Spitze. Falte sie aber nicht wieder zurück, sondern falte anschließend auch die linke Spitze wieder zur Mitte hin, so dass beide Spitzen sich berühren.

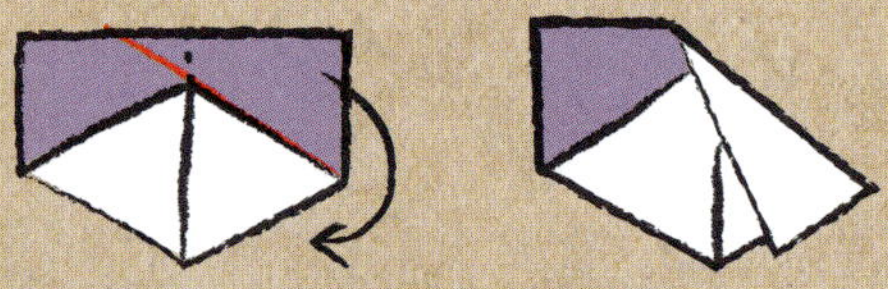

4. Falte nun die obere rechte Spitze so, dass sie auf der zuletzt entstandenen Knickkante endet.

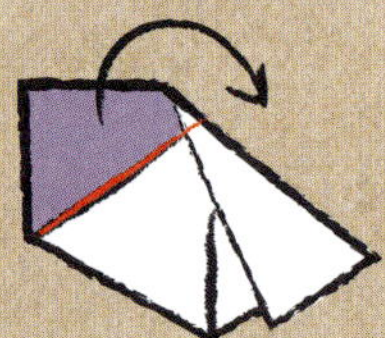

5. Zum Schluss faltest du noch die linke obere Spitze so, dass sie auf derselben Knickkante liegt.

6. Wenn du alles richtig gemacht hast, müsste das Ganze nun so aussehen. Falte es wieder auseinander.

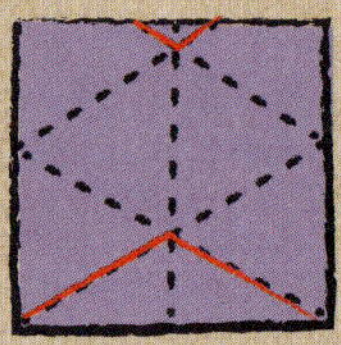

7. Wiederhole die Schritte 1-6 mit einem zweiten Blatt. Deine beiden Blätter müssten nun so aussehen. Wichtig ist, dass die hier eingezeichneten Falten gut zu sehen sind. Falls du sie nicht gut erkennst, dann knicke diese Falten noch einmal nach. Lege beide Blätter so vor dich hin, dass die größeren Dreiecke unten liegen.

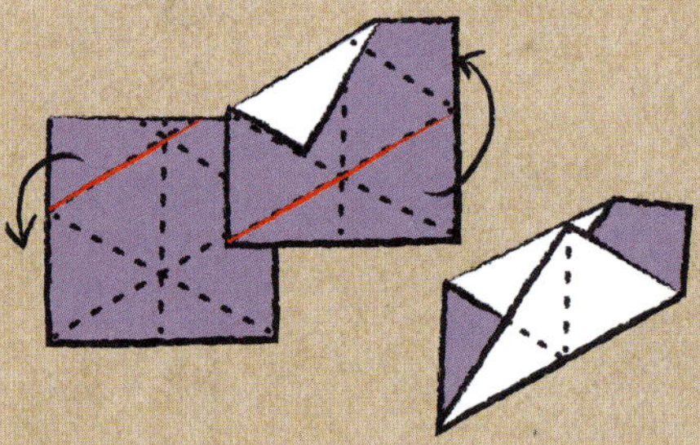

8. Beim ersten Blatt faltest du zunächst die obere linke Spitze ein und dann die untere rechte.

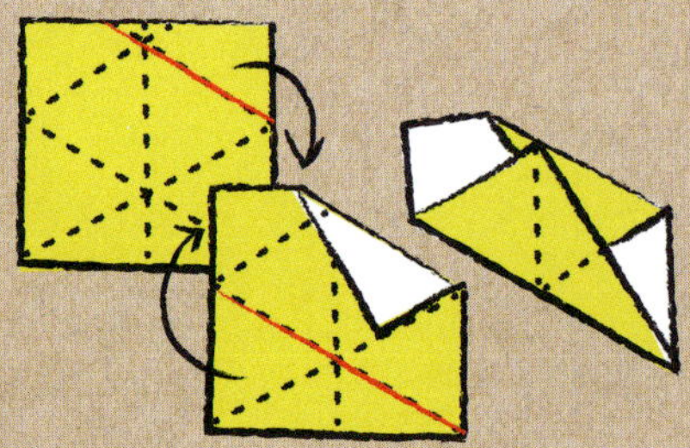

9. Beim zweiten Blatt knickst du zunächst die obere rechte Spitze nach unten und dann die untere linke nach oben.

10. Falte bei beiden Teilen nun auch nochmal die bestehenden Knickkanten gut nach. Jetzt erkennst du, dass die Teile aus 4 Flächen bestehen. Nummeriere sie mit einem Bleistift so, wie hier zu sehen.

11. Diese beiden Gegenstücke setzt du nun zu einem Tetraeder zusammen. Stecke dazu Fläche 8 in Fläche 2, so dass die beiden Dreiecke genau übereinanderliegen.

12. Jetzt kannst du die Seiten nach und nach ineinanderstecken. Klappe Seite 7 hoch, stecke dann Seite 4 in Seite 7. Klappe Seite 1 ein und Seite 6 darüber.

13. Zum Schluss steckst du Seite 5 in den Schlitz.

14. Fertig ist dein Tetraeder!

Tetra ist die griechische Vorsilbe für die **Zahl 4**.

Ein Tetraeder hat 4 dreieckige Seitenflächen. Und der Clou: Alle 4 Dreiecke sind gleichseitig. Du kannst ja gleich mal nachmessen, ob das auch wirklich stimmt! Ein Tetraeder hat außerdem 4 Ecken und 6 Kanten.

Tetraeder gehören zu den **Deltaedern**, das sind Körper, die ausschließlich gleichgroße, gleichseitige Dreiecke als Flächen haben. Davon gibt es 8:

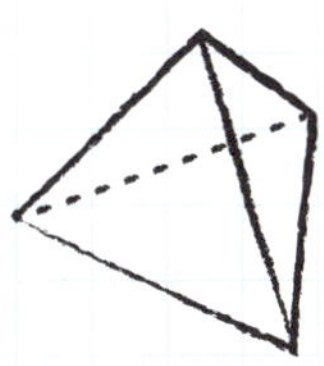

Tetraeder

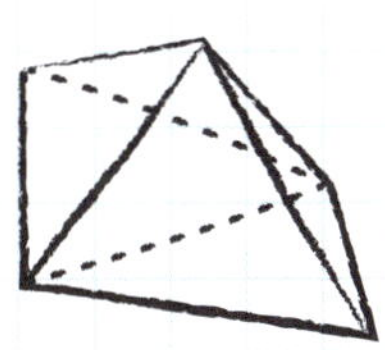

triangulare Bipyramide

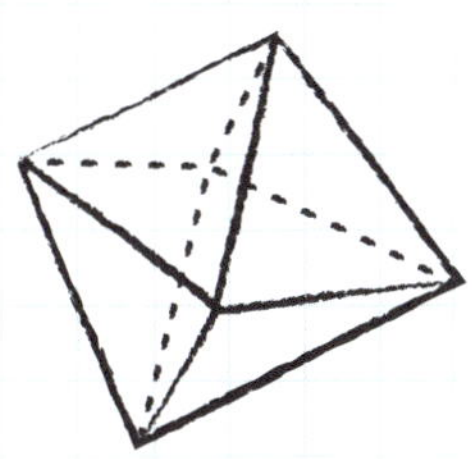

Oktaeder

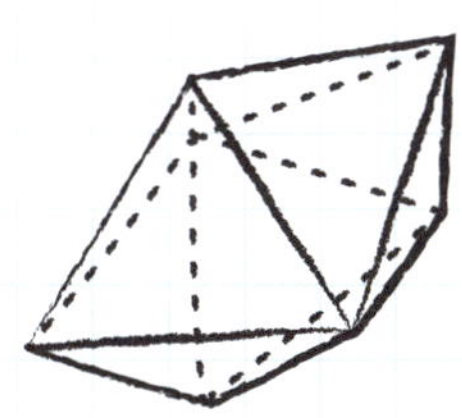

pentagonale Bipyramide

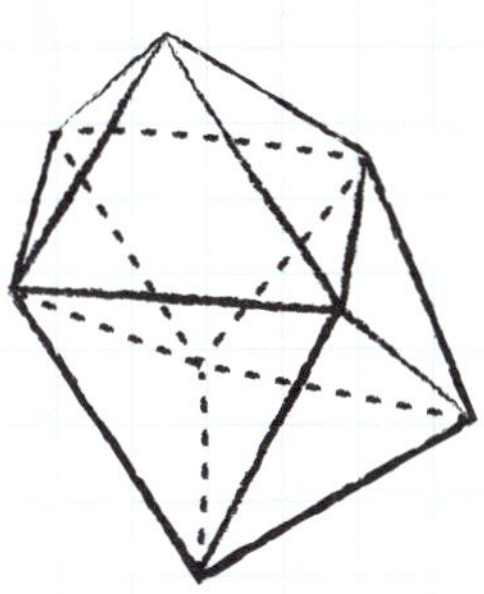

Trigondodekaeder

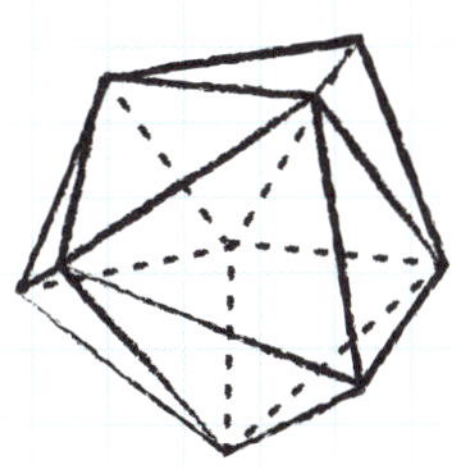

dreifach erweitertes Dreiecksprisma

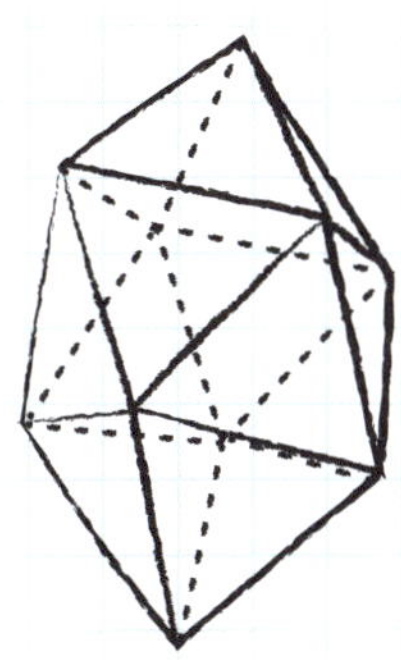

zweifach erweitertes Antiprisma

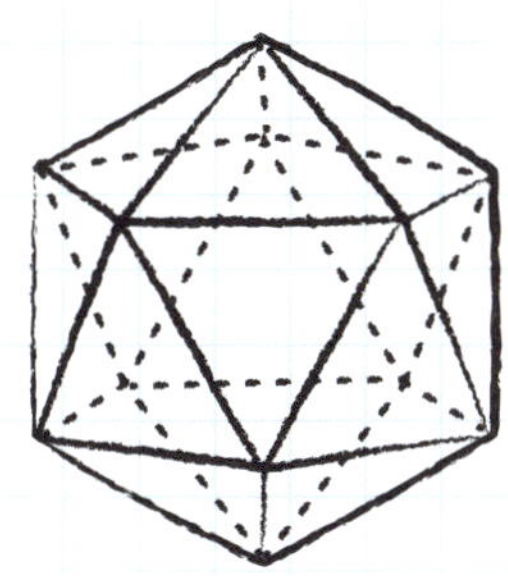

Ikosaeder

Expertenwissen!

Benutze dein Tetraeder für deine Hundertwasser-Häuser!

In Bottrop kannst du sogar ein riesiges Tetraeder betreten. Oben befindet sich eine Aussichtsplattform, von der aus du eine tolle Aussicht hast!

Gigantomanischer Stern!

Bastle 5 Tetraeder, entweder in einer Farbe oder kunterbunt. Auf jede Grundfläche eines Tetraeders klebst du ein zweites. Hänge den entstandenen Stern als Dekoration in dein Zimmer. Sieht nicht nur zur Weihnachtszeit super aus!

Findest du heraus, wie viele sichtbare Flächen dein Tetraeder-Stern hat?

(Lösung auf Seite 47)

Das Prisma

Schwierigkeit:

Du brauchst:

- 1 Blatt Origamipapier

1. Falte dein Papier zunächst in der Mitte und wieder auseinander.

2. Falte nun beide Seiten zur Mitte hin und drehe das Blatt anschließend um 90 Grad.

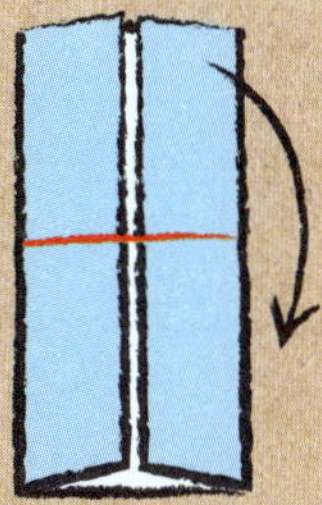

3. Falte das Papier nun nochmal in der Mitte.

4. Öffne es wieder und knicke dann beide Seiten zur Mitte hin.

5. Jetzt müsste das Ganze so aussehen.

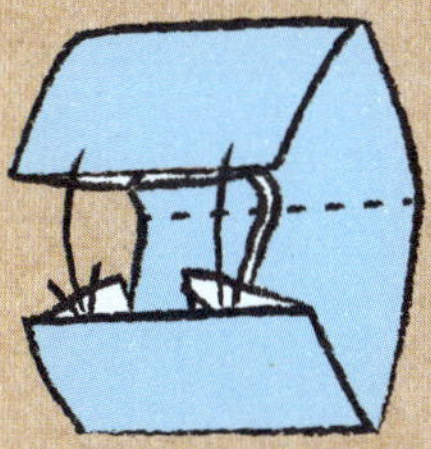

6. Damit daraus ein Prisma wird, musst du nun die beiden Öffnungen ineinanderschieben.

7. Fertig!

Rätsel

Was glaubst du: Welche dieser **Prismen** kannst du aus der Vorlage basteln?

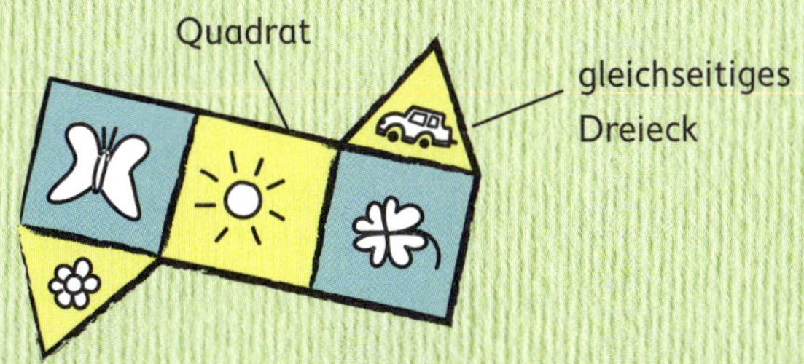

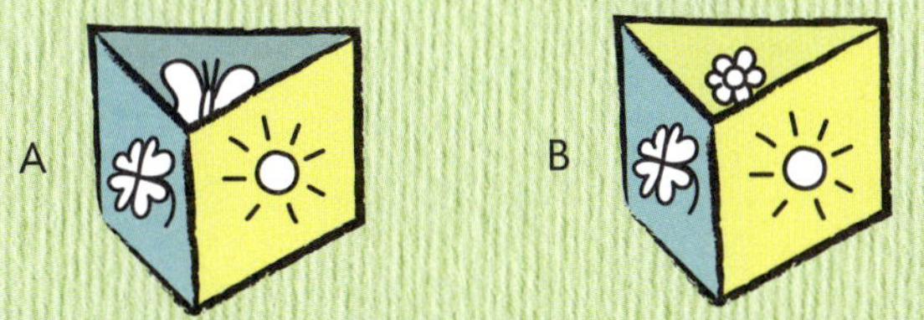

(Lösung auf Seite 47)

Expertenwissen!

Was ist denn ein Prisma?

Ein Prisma hat immer eine geometrische Form als Grundfläche, bei unserem Prisma hier ist es ein Dreieck. Bei einem dreiseitigen Prisma gibt es 9 Kanten und 6 Ecken. Zähl mal nach! 3 Flächen bestehen aus gleich großen Rechtecken, 2 aus Dreiecken. Insgesamt hat unser Prisma also 5 Flächen. Es gibt aber auch andere Prismen:

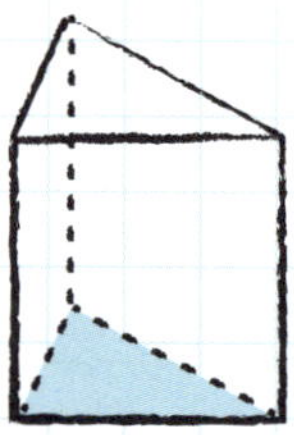

dreiseitiges Prisma

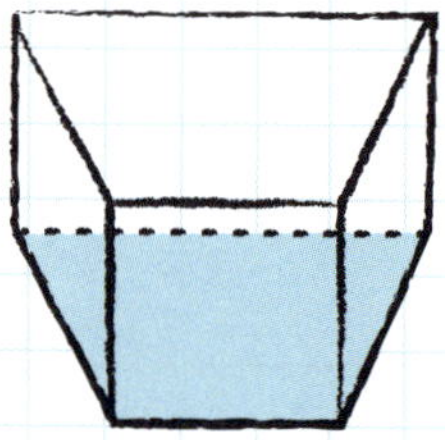

vierseitiges Prisma

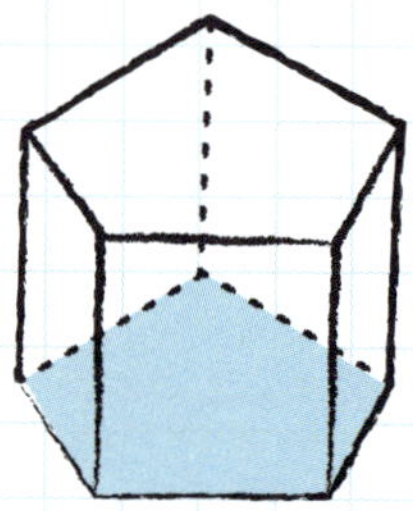

fünfseitiges Prisma

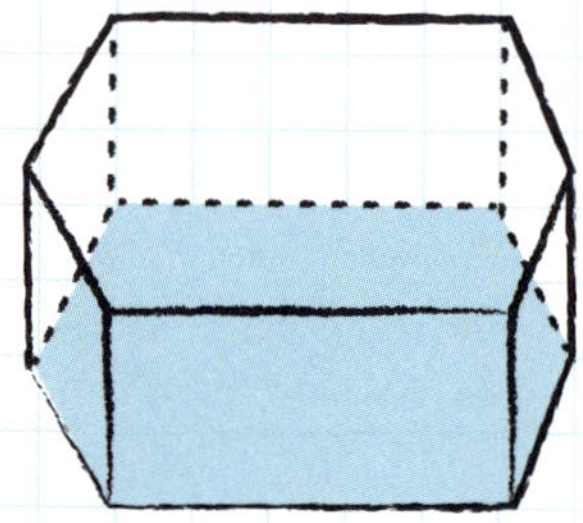

sechsseitiges Prisma

Gecheckt!

Was meinst du? Ist ein **Würfel** auch ein **Prisma**? Und wie sieht es mit dem **Quader** aus?

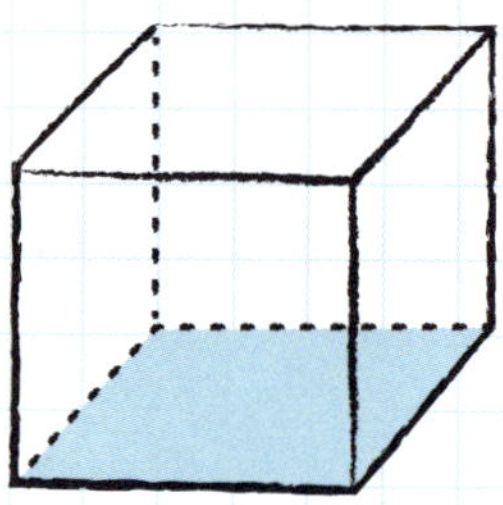

Würfel

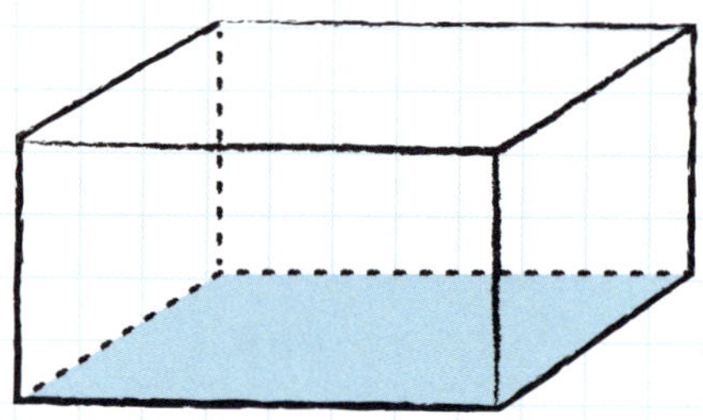

Quader

(Lösung auf Seite 47)

Kreativ

Erinnerst du dich an unsere Hundertwasser-Bauten? Dein Prisma kannst du wunderbar als Dach nutzen!

Experte

Mithilfe eines Glas-Prismas kann man Sonnenlicht in seine Bestandteile zerlegen. Es entstehen die Farben des Regenbogens: Rot, Orange, Gelb, Grün, Blau, Indigo und Violett. Aber Achtung, wenn du es selbst ausprobierst, blicke nie direkt in die Sonne!

Kreativ

Bastle mehrere Prismen aus verschiedenfarbigem Papier. Bemale ein dickes Stück Pappe kunterbunt und klebe die Prismen nebeneinander darauf. Jetzt hast du ein hübsches und praktisches Utensilo für Radiergummis, Büroklammern oder Bleistifte. Du kannst auch deine Bastelutensilien, zum Beispiel Perlen, kleine Sticker, Dekosteinchen oder Mini-Pompons darin aufbewahren. So hast du immer alles gut sortiert und griffbereit.

Du brauchst:

- 1 Origamiblatt
- Stift

Das Geogami-Orakel

Schwierigkeit:

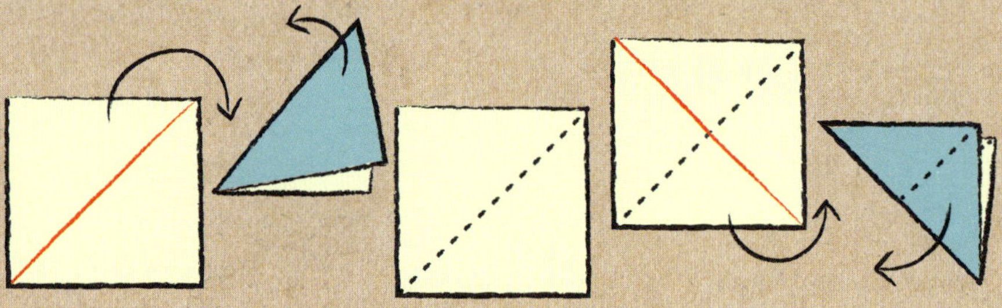

1. Falte das Blatt zu beiden Seiten diagonal, also so, dass die Spitzen je auf der gegenüberliegenden Spitze liegen, und wieder zurück.

2. Falte alle 4 Spitzen zur Mitte hin.

3. Dreh das Blatt um.

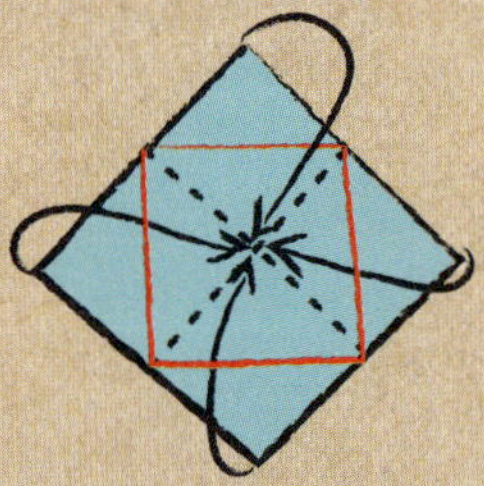

4. Falte wieder alle 4 Spitzen zur Mitte.

5. Danach drehst du das Blatt wieder um.

6. Falte dein Orakel mittig auf beiden Seiten und dann wieder zurück.

7. Anschließend steckst du Daumen, Zeige-, Mittel- und Ringfinger in die 4 Taschen, die oben entstanden sind, und drückst die Spitzen unten zusammen.

8. Fertig ist dein Orakel!

Kreativ

So geht`s:

Falls du dich mal gar nicht entscheiden kannst, welche Geogami-Figur du als Nächstes basteln sollst, dann male auf die inneren Dreiecke deines Orakels je eine geometrische Figur.

Klappe die Dreiecke hoch und schreibe darunter je eine Origami-Figur.

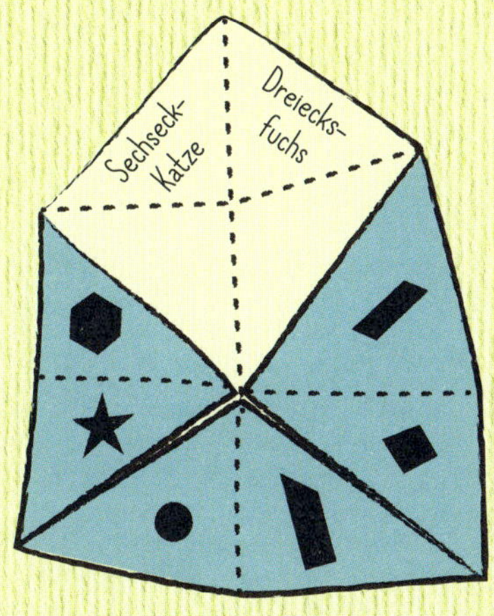

Denke an eine Zahl zwischen 1 und 10. Die erste, die dir in den Sinn kommt, ist deine Orakelzahl. Zähle laut und öffne dein Orakel abwechselnd nach vorne und zur Seite, bis du bei deiner Zahl angekommen bist. Jetzt siehst du 4 Figuren. Entscheide dich für eine und klappe das Dreieck hoch. Nun weißt du, was du als Nächstes bastelst!

Kreativ

Ein Geschicklichkeitsspiel für dich und deine Freunde:

Jedes Kind bastelt ein Geogami-Orakel. Bildet zwei gleich große Teams. Sucht euch außerdem 5 Gegenstände, die ihr mit dem Orakel greifen könnt. Probiert es am besten vorher aus. Das könnten zum Beispiel Münzen, Federn, Murmeln oder Haargummis sein. Die Kinder einer Gruppe stellen sich nebeneinander auf. Von links nach rechts werden die Gegenstände nun nacheinander nur mit dem Orakel-Greifer weitergegeben. Schafft ihr es, ohne dass der Gegenstand herunterfällt, gibt es einen Punkt. Dann ist Gruppe 2 an der Reihe. Wer am Ende die meisten Punkte hat, gewinnt!

Formen und Körper

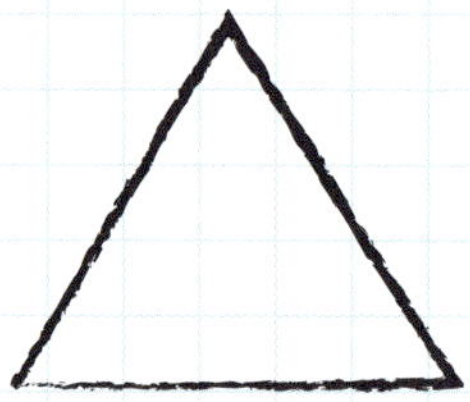

Dreieck

Quadrat

Rechteck

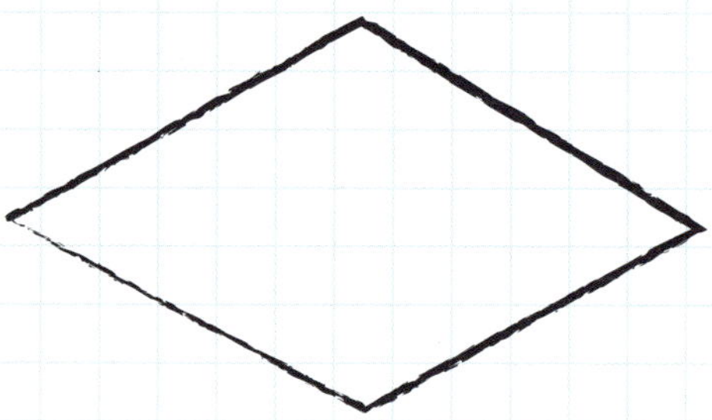

Raute

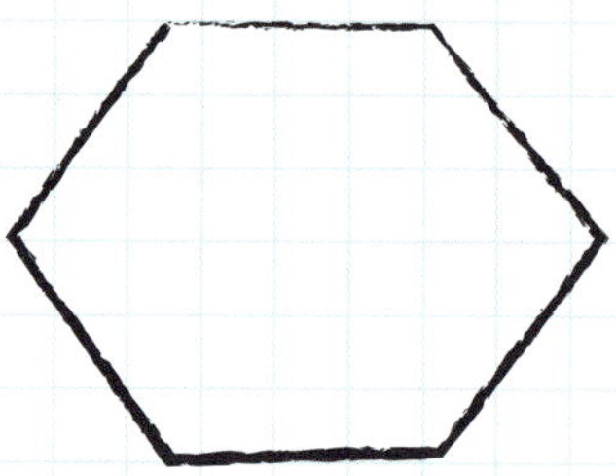

Sechseck

Stern

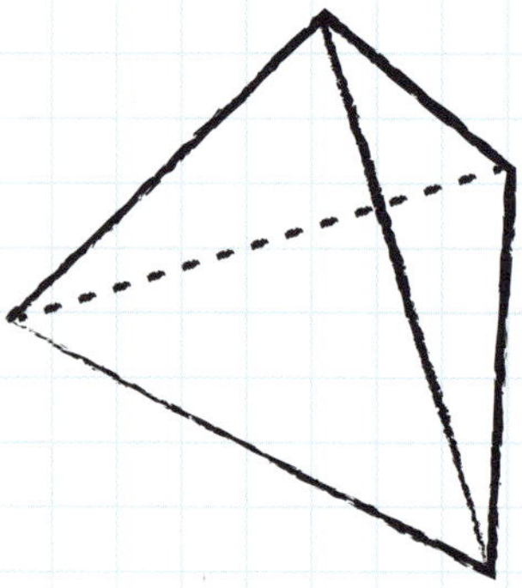

Tetraeder

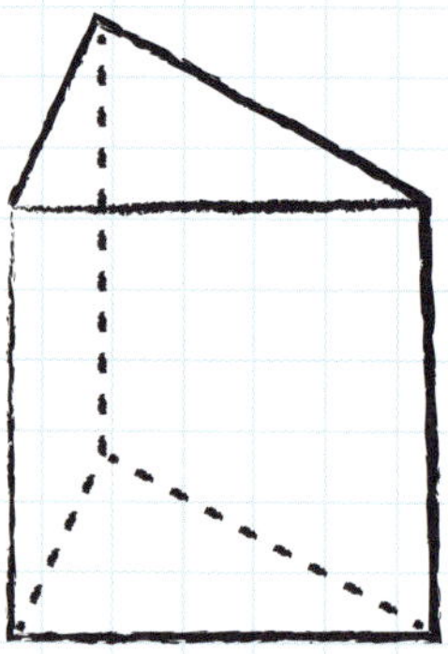

Prisma

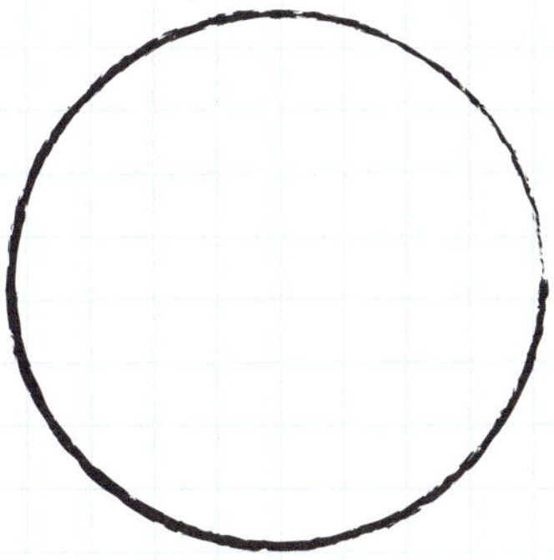

Kreis

Trapez

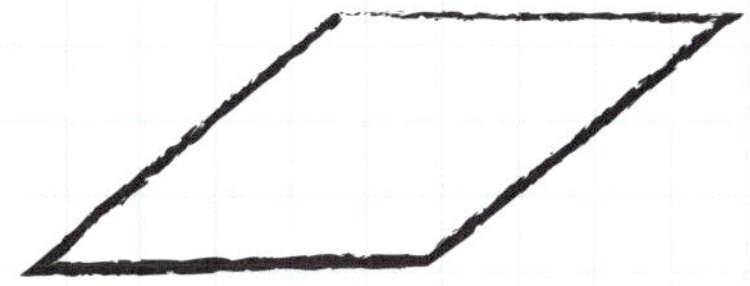

Parallelogramm

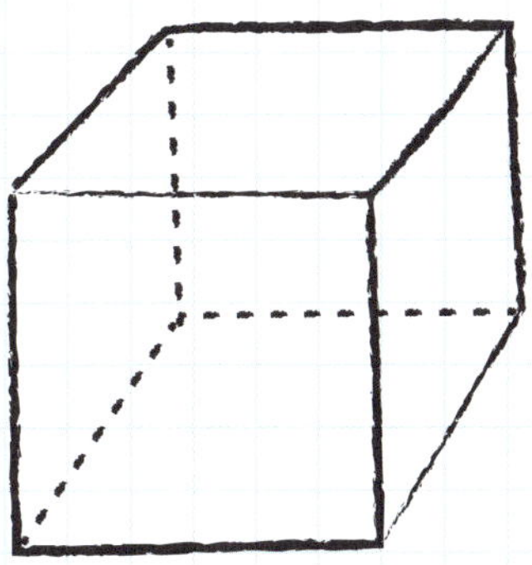

Würfel

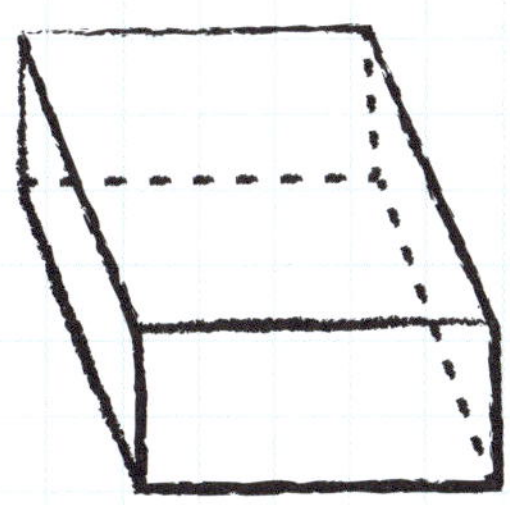

Quader

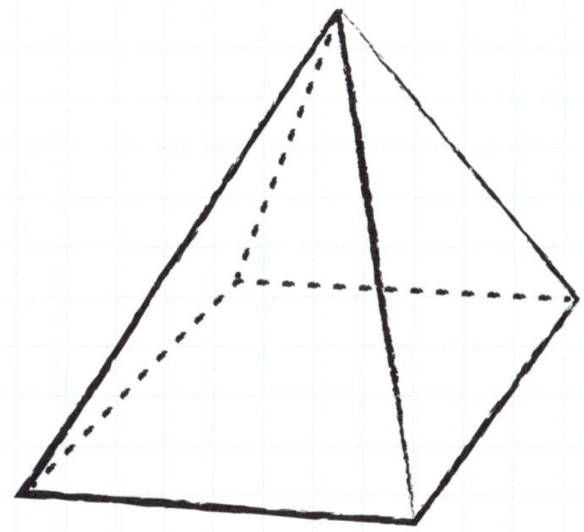

Pyramide

Lösungen

Seite 7:

Gecheckt-Kasten, oben:

A: gleichseitig; B und C: gleichschenklig

Rätsel-Kasten, unten:

13 Dreiecke

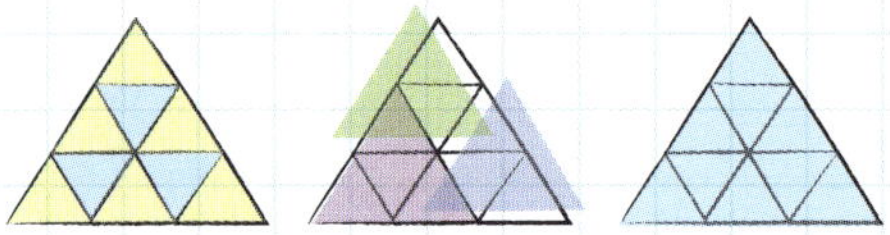

Sprechblase, Mitte:

Seite 9:

Gecheckt-Kasten, Mitte:

Lösung: 2

Seite 11:

Gecheckt-Kasten, oben:

Ja, auch ein Quadrat ist ein Rechteck, denn es hat 4 rechte Innenwinkel. Die gegenüberliegenden Seiten sind parallel und gleich lang. Ein Rechteck ist jedoch nicht immer ein Quadrat. Das gilt nur, wenn alle vier Seiten gleich lang sind.

Rätsel-Kasten:

1+3+2=6

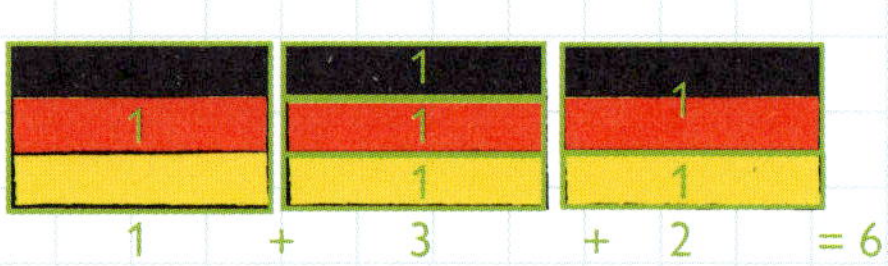

Seite 15:

Rätsel-Kasten:

Das rechte Holz wird nach unten geklappt und das mittlere dann nach rechts verschoben:

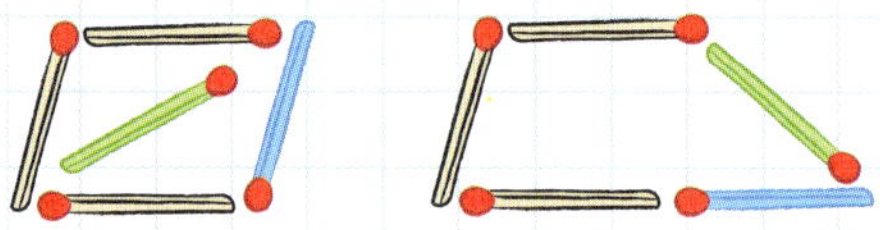

Sprechblase Foto, rechts:

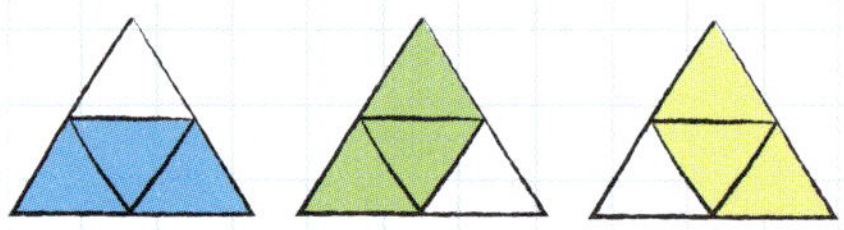

Gecheckt-Kasten, unten:

Dreieck Rechteck Trapez

Quadrat Sechseck Kreis

Seite 17:

Gecheckt-Kasten, oben:

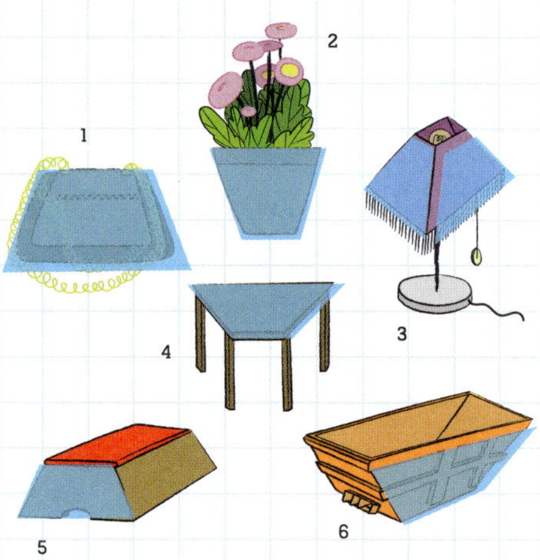

Rätsel-Kasten, oben:

Lösung: 3 x12 gleichseitige Dreiecke ergeben **3 gleich große Trapeze.**

Seite 19:

Gecheckt-Kasten, Mitte:

Seite 21:

Rätsel-Kasten, oben:

die waagerechten Hölzer müssen dazu nach oben bzw. nach unten geklappt werden:

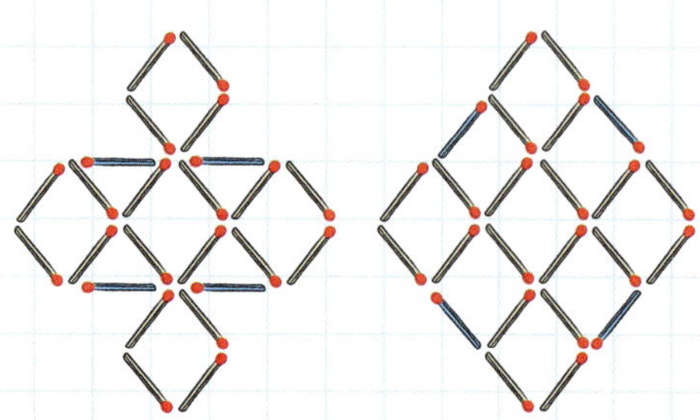

Seite 23:

Gecheckt-Kasten, Mitte:

4 Sechsecke

Kreativ Kasten, unten:

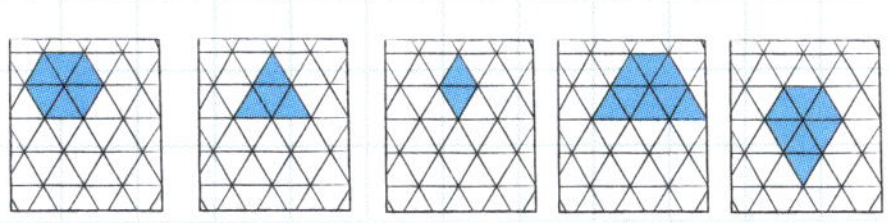

Seite 27:

Faltanleitung, Sprechblase oben:

8+4+4=16

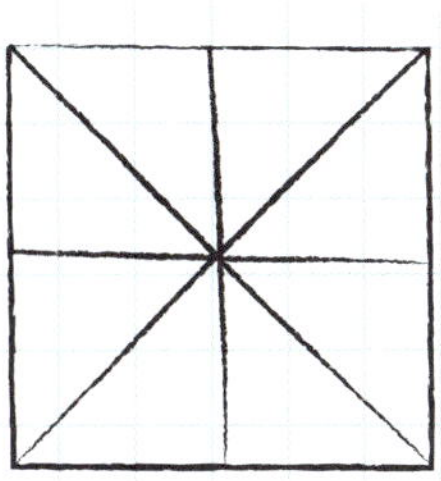

Faltanleitung, Sprechblase Mitte:

16+16+4+8=44

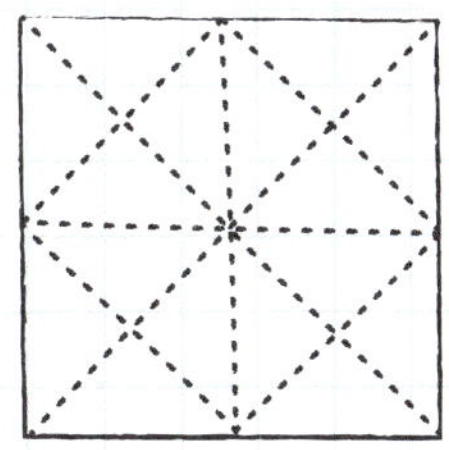

Seite 28:

Rätsel-Kasten:

Würfeldrehung: einmal nach rechts, zweimal nach hinten, dreimal nach links und zweimal nach vorne:

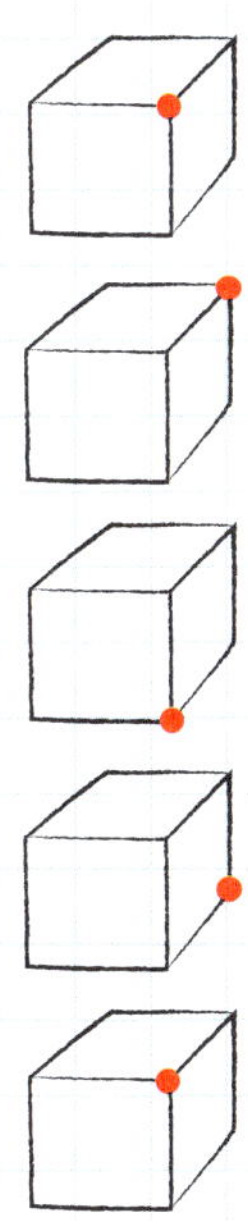

Seite 30:

Experten-Kasten, unten:

Ein Quader hat 6 Flächen, 8 Ecken und 12 Kanten.

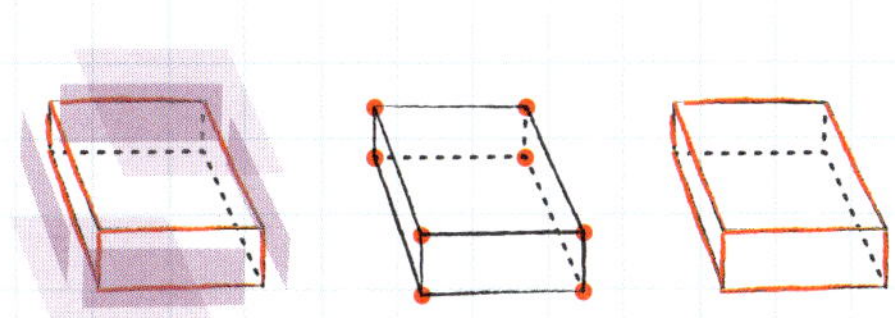

Seite 33:

Gecheckt-Kasten, Mitte:

Quadrat

Experten-Kasten: Rauten

Seite 38:

Gecheckt-Kasten, Mitte:

12 Flächen

Seite 39:

Rätsel-Kasten, unten:

Lösung ist B

Seite 40

Gecheckt-Kasten, Mitte:

Ja, Würfel und Quader sind auch Prismen!

Lust auf noch mehr?

PHÄNOMINT
WISSEN • FORSCHEN • STAUNEN

PhänoMINT
Outdoor-Experimente
ISBN 978-3-96455-088-0
(D) 9,95 €, (A) 10,30 €

Wissenschaft nebenbei beim Spielen erfahren! Was braucht ein Boot, um möglichst zügig und ohne zu Kentern den Fluss hinabzuströmen? Und warum wird man besser gehört, wenn man durch ein Megafon ruft? Mit den PhänoMINT Outdoor-Experimenten erleben Kinder naturwissenschaftliche Phänomene in der Natur. So macht Naturwissenschaft richtig Spaß!

PhänoMINT
Küchen-Experimente
ISBN 978-3-96455-087-3
(D) 9,95 €, (A) 10,30 €

Wissenschaft braucht kein Labor! Man kann sie auch zu Hause erleben. Was passiert, wenn Base und Säure sich mischen? Und warum verdoppelt sich der Pizzateig durch Hefe? Die PhänoMINT Küchen-Experimente erklären spielerisch leicht die wissenschaftlichen Phänomene, die wir täglich beim Kochen und Backen erleben und führt Kinder so ganz nebenbei an Naturwissenschaften heran.

PhänoMINT
75 supercoole Experimente mit Licht & Luft, Wasser, Kraft & Elektrizität
ISBN 978-3-96455-107-8
(D) 9,95 €, (A) 10,30 €

Schon mal Strom in der Kartoffel knistern gehört? Eine Münze bewegt, ohne sie zu berühren? Oder einen Finger in ein Glas Wasser gesteckt, ohne dass er nass wird? Diese 75 supercoolen Experimente mit Licht und Luft, Wasser, Kraft und Elektrizität klingen wie Zauberei, sind aber reine Wissenschaft!

Diese und weitere Artikel sind erhältlich im gut sortierten Buch- und Spielwarenhandel oder unter **www.moses-verlag.de**.

moses.